おいしいノーミート

四季の恵み弁当

谷口 純子
Junko Taniguchi

生長の家

はじめに

私が「恵味《めぐみ》な日々」と題して、自分で作った朝食やお弁当、心和む何気ない出来事などを、写真と文章でインターネット上につづり始めたのは、2009年の6月でした。

「続けられるだろうか……」という当初の不安はありましたが、読者の皆さんの力強い応援に励まされて、いつのまにか三年近くがたっています。一日一日の出来事はささやかですが、それらが集積してくると予想を超えた量となり、その中にはさまざまな物語が埋《うず》もれています。

夫のためのお弁当は、お魚と野菜が中心で、朝の慌ただしい時間に、前夜の残り物や冷凍の保存食なども動員して作ります。だから“普段着”のようなもので、誰でも作れる当たり前の内容です。そんなものにもかかわらず、ブログの読者から「お弁当の本を作ってほしい」という声が寄せられました。料理研究家でもない私の作ったお弁当を、本にする価値などあるだろうかと疑問に思いました。日常生活をありのまま公開することに、ためらいもありました。でも、もし私が作るお弁当に、皆さまにお知らせすることがあるとすれば、それは「肉類を使ってない」ことだと思い当たりました。

地球温暖化や食糧危機、世界の不平等、環境汚染などの原因の一端には、先進諸国の人々の過剰な肉食があります。肉はお弁当にも使いやすく、カロリーベースで考えれば値段も高くありません。それを使わずに毎日の献立を考えることは、お弁当を作る人にとっては負担かもしれません。けれども、世界人口が70億人を超えたいま、肉食の増加は、自然界や次の世代の人々に確実にマイナスの影響を及ぼすのです。それを避けたいと思う人々は大勢いるのですが、「どうやって？」の問題で、壁にぶつかっているかもしれません。このささやかなお弁当の本が、そのような皆様のお役に立つことができ、また、家族の健康に気遣う人たちのヒントになれば嬉しいと思います。

この本では、調味料などの細かい分量の表示はしませんでした。その日の天候や他のおかずとのバランス、作り手の味覚などで、味つけは自由に決めていただく方がいいと思うからです。

私自身、お弁当を作るときには、計量スプーンを使って味つけすることはほとんどありません。例外として、野菜のピクルスなどあまり馴染みのないもので、分量をきっちり決めた方が出来上がりが安定するものについては、調味料の細かい表示をしました。

食事作りは、一日たりとも欠かすことのできない重要な仕事です。現代は大変便利な社会になり、家で料理をしなくても、町では何でも手に入り、口にすることができるようになりました。けれども、家庭で作られる料理は、外食や売っているものにはない“食べる人への気持”が込められています。それらは目に見えませんが、隠れた栄養素として幼い時から私たち一人一人を育んできたに違いありません。

手の込んだものでなく、普段の何気ないお惣菜であっても、心を込めて作ることによって、家族は健康で幸せな毎日を過ごせるのではないかと思います。

私が結婚当初よく参考にした本に、佐藤雅子さんの『私の保存食ノート』（文化出版局刊）があります。佐藤さんは元人事院総裁の佐藤達夫氏夫人です。亡くなられて久しいですが、毎日家族のために日常の食事作りから、保存食、お菓子つくりまで、プロ顔負けの腕前でした。佐藤さんが料理作りのモットーにしたのは、「夫の心をつかむためには、まず胃のふをつかめ」ということでした。

私もこの言葉を目標にして、せっせと台所に立ちました。そして、佐藤さんのこの言葉は夫だけでなく、子どもにも有効に働くことを経験しました。

現代の社会の要請に応えつつ、楽しく、暖かい家庭を作る一助となれば、この本の著者として、望外の幸せを感じます。

2012年　こぼれる椿を愛でつつ

谷口　純子

目次

はじめに―― 谷口純子……2

春の恵み……7

●春のお弁当

1 タケノコご飯弁当……10
2 サバの竜田揚げ弁当……12
3 スモークサーモンのちらし寿司弁当……14
4 おむすび弁当……16
5 レンコンバーグのサンドイッチ……18
6 炊き込み鮭おこわ弁当……22
7 エビ、イカ入りカレーピラフ弁当……24
8 ホタテ入りオムライス弁当……26
9 黒米弁当……28
10 いなりと茶巾寿司弁当……30

●春のエッセイ 1　良いことができる……9
●春のエッセイ 2　ベジタリアン……20

●春のコラム　ハーブ収穫……32
保存食をつくる……33

●私の日常から　絵手紙……34

夏の恵み……35

●夏のお弁当

1 豆腐バーグとイカのトマト煮弁当……38
2 おむすびとスズキのムニエル弁当……40
3 野菜のベーグルサンド……42
4 具沢山のちらし寿司弁当……44
5 マンダイのゴマ焼き弁当……46
6 エビとシソの餃子弁当……52
7 カニチャーハンとさんまの梅煮弁当……54
8 サワラの味噌漬け弁当……56
9 海苔巻き弁当……58
10 三色おむすび弁当……60

●夏のエッセイ 1　食卓から平和を……36
●夏のエッセイ 2　庭からの恵み……50

●ジャムづくりの楽しみ 1
カラントジャム……48

●夏のコラム
だし汁……62
カラフル野菜のマリネ＆炒め人参……63

●私の日常から　全国での講習会……64

秋の恵み……65

●秋のお弁当
1 小豆入り栗おこわ弁当……68
2 貝柱入り大豆バーグ弁当……70
3 野菜のツナチャーハン弁当……72
4 炊き込みご飯と京芋の白煮弁当……74
5 ツナと卵のそぼろ弁当……76
6 シメジと昆布の炊き込み弁当……82
7 レンコンのつくねとちらし寿司弁当……84
8 精進チャーハン弁当……86
9 イワシ豆腐バーガー……88
10 いなり寿司と海苔巻き弁当……90

●秋のエッセイ1　雄大な自然……66
●秋のエッセイ2　半坪菜園……80

●お気に入りの道具たち……78

●秋のコラム
グリーントマトのチャツネ／
ドレッシング……92
キノコペースト……93

●私の日常から　山荘での生活……94

冬の恵み……95

●冬のお弁当
1 イワシの酢魚風弁当……98
2 根菜のちらし寿司弁当……100
3 イワシバーグの野菜ソテー弁当……102
4 エビとホタテのカレーピラフ弁当……104
5 シジミと大根葉とじゃこのおむすび弁当……106
6 鮭そぼろ弁当……112
7 ピタパンサンド……114
8 黒米入りいなり寿司弁当……116
9 大豆ご飯と菜の花の磯辺巻き弁当……118
10 タラのそぼろご飯とエビクリーム
コロッケ弁当……120

●冬のエッセイ1　青山のファーマーズ・
マーケット……96
●冬のエッセイ2　クッキングレッスン……110

●ジャムづくりの楽しみ2
ローゼルジャム……108

●冬のコラム
野菜シチューのおいしい変身……122
アツアツのかぶら蒸し……123

おすすめします
谷口雅宣（生長の家総裁）……124

料理索引（材料別）……126

春の恵み

春のエッセイ1

良いことができる

「牛肉、豚肉は入っていませんか」

「牛肉、豚肉はいただかないのですが……」

講習会の旅先などで、夕食を予約する時、私は必ず牛肉や豚肉が料理に入っていないかを確認する。もしもそれらがあった場合は、他のものに替えてもらうか、最初から入れないで作ってもらうように頼んでいる。（中略）私たちが哺乳動物の肉を食べなくなって十年以上たつ。その始まりは、突然の夫の宣言だった。

「僕、肉類食べないから」

その言葉の調子から、私は夫が何かを決断したことがわかった。が、戸惑いを覚えたのも事実である。夫はこれを私や子どもには強制しなかったが、食事を作る者としては、二種類の献立を考えなくてはならなかったから、初めは少し面倒に感じた。

夫が肉食をしないと決めたのには、いくつかの理由があったと思う。昔から、仏教をはじめとした様々な宗教では、動物を殺して肉を食べることを戒《いまし》めている。

（中略）肉食を続けることは、動物や環境に害を与え、また間接的に貧しい人々から食料を奪う結果になるのである。この世界には因果の法則、動反動の法則が働いている。奪うものは奪われ、与えるものは与えられるという法則が厳然と支配しているのである。自分の行いの結果は、自分で刈り取らなくてはならないのだ。（中略）

現在の世界では、私たちは全く犠牲のない生き方をすることは難しい。しかし、社会の明るい点、良い点を見るだけでなく、自分の生活が人や動物の犠牲のもとに成り立っていないかを省みて、それをできるだけ減らしていく生活をしたいと思う。

『うぐいす餅とバナナ』（生長の家刊）より

タケノコご飯弁当

春のお弁当 1

1. タケノコご飯
2. ジャガイモのコロッケ
3. タケノコとキノコの味噌炒め
4. メカジキの西京漬け
5. よもぎ麩田楽
6. ゴボウと人参のきんぴら
7. 三つ葉入り卵焼き

① タケノコご飯

材料

米
タケノコ（水煮）
油揚げ
みりん
薄口しょうゆ
塩

作り方

1. 米をとぎ、ざるにあけて水気を切る。
2. 炊飯器に1と薄切りにしたタケノコと細切りにした油揚げを入れ、みりん、薄口しょうゆ、塩を加えて水加減して炊く。
3. 炊き上がったら、10分程度蒸らし、全体をさっくりと混ぜ合わせる。

② ジャガイモのコロッケ

材料

ジャガイモ（男爵）
タマネギ
ニンジン
塩
コショウ
サラダ油
衣《小麦粉、タマゴ、パン粉》
揚げ油

作り方

1. ジャガイモは皮をむき、適当な大きさに切り、水から茹でて、水気を切り、粉吹きイモにして、つぶす。
2. タマネギはみじん切りにして、フライパンに油を入れ炒める。しんなりしたら、みじん切りのニンジンを加えさらに炒める。
3. つぶしたジャガイモに、炒めたタマネギとニンジンを加え、塩、コショウ（好みでナツメグ）を加えて味をととのえ、よく混ぜる。
4. 冷めたら小判型に丸め、小麦粉、溶きタマゴ、パン粉の順に付ける。
5. 中温の油でキツネ色に揚げる。

③ タケノコとキノコの味噌炒め

材料

タケノコ（水煮）
ブラウンエノキ
ゴマ油
みそ
みりん

作り方

1. タケノコは薄切り、ブラウンエノキは食べやすい大きさに切る。
2. フライパンにゴマ油を熱し、タケノコとブラウンエノキを全体に油がまわる程度炒める。
3. フライパンをゆすりながら全体にみそをからめ、みりんを入れる。

Point

野菜はできる限り、農薬や化学肥料を使わない、有機栽培を基本にしているものを、週一回宅配で利用しています。ゴボウ、ニンジン、レンコンなどは、皮をむかないで、調理しています。

サバの竜田揚げ弁当

春のお弁当 2

❶ サバの竜田揚げ
❷ タケノコとしいたけ、厚揚げの酒粕煮（別名・孟宗煮）
❸ ゴボウ、人参、桜エビのかき揚げ
4 大根、人参、薄焼卵の酢の物
5 大根のきんぴら

❶ サバの竜田揚げ

材料

サバ（切り身）
つけ汁《おろしショウガ、酒、みりん、しょうゆ》
片栗粉
揚げ油

作り方

1. おろしショウガ（適宜）、しょうゆ、酒、みりんでつけ汁を作り、サバを1時間以上漬け込む。
2. サバのつけ汁をふき取り、片栗粉をまぶし、両面こんがり色づくまで揚げる。

❷ タケノコとしいたけ、厚揚げの酒粕煮（別名・孟宗煮）

材料

タケノコ（水煮）
シイタケ（乾燥の場合は水戻し）
厚揚げ
煮汁《みそ、酒粕、だし汁（62ページ参照）》

作り方

1. タケノコと厚揚げは食べやすい大きさ、シイタケは2、3個に切る。
2. 鍋にだし汁と、タケノコ、シイタケ、厚揚げを入れ中火で煮て八分通り火が通ったらよく混ぜた酒粕とみそを入れて、さらに煮含める。

check ✓ 彩りを添えるために、花形に切ったニンジンなどを塩茹でにして飾るとよい。

❸ ゴボウ、人参、桜エビのかき揚げ

材料

桜エビ
ゴボウ
ニンジン
衣《タマゴ、冷水、塩、小麦粉》
塩
小麦粉
揚げ油

作り方

1. ゴボウはタワシで洗い、粗いささがきにして水にさらし、ざるに上げて水気を切る。
2. ニンジンは細切りにする。
3. ボウルに1と2と、桜エビを入れて、小麦粉少量をまぶし混ぜる。
4. 別のボウルに衣のタマゴと冷水、塩を入れてよく混ぜ、小麦粉をふるい入れて、さっと混ぜる。
5. 3を4のボウルに入れて軽く混ぜる。
6. 揚げ油を175℃程度に熱し、5を玉杓子ですくって入れ、返しながらカリッと揚げる。

スモークサーモンのちらし寿司弁当

春のお弁当 3

❶ スモークサーモンのちらし寿司
❷ 大豆と根菜のバーグ
❸ 黒豆の煮物
4 生麩の煮物

❶スモークサーモンのちらし寿司

材料

米
高野豆腐
干しシイタケ、ニンジン、キヌサヤ
スモークサーモン
酒
コンブ
煮汁《砂糖、酒、みりん、しょうゆ》
すし酢《砂糖、酢、塩》

作り方

1. といだ米に、水、酒、コンブを入れ、水加減をやや少なくして炊く。
2. 干しシイタケ、高野豆腐は水で戻し、細かく切る。ニンジンも細かく切り、シイタケの戻し汁を加えた煮汁で煮て、軽く水気をしぼる。
3. 炊き上がったご飯に、すし酢を切るように混ぜ、2 を混ぜ込む。
4. 食べやすい大きさに切ったスモークサーモンと、塩茹でしたキヌサヤを飾る。

❷大豆と根菜のバーグ

材料

ダイズ（水煮）
レンコン
ニンジン
タマネギ
タマゴ
パン粉、牛乳、塩、
コショウ、サラダ油

作り方

1. ダイズは茹でて、やわらかいうちにポテトマッシャーやフォークでつぶすか、フードプロセッサーなどにかける。
2. タマネギ、ニンジン、レンコンはみじん切りにして、油で炒める。
3. 1 に 2 を加え、タマゴ、パン粉、牛乳、塩、コショウを入れてよく混ぜ合わせる。
4. 適当な大きさに丸め、フライパンに油をひき、両面に軽く焦げ目がつくように焼く。

❸黒豆の煮物

材料

黒豆
洗双糖（豆の 3 分の 1 から 2 分の 1 量）
塩

作り方

1. 黒豆は、虫くいなどを除いてから水できれいに洗って、鍋に入れ一晩水にひたしておく。
2. 1 の鍋を火にかけ、しっかりアクを取り柔らかくなるまで煮る。または圧力鍋で沸騰後 10 分煮る。
3. 砂糖の半量を加え、砂糖が溶けたら火を止める。
4. 一晩おいて、翌日残りの砂糖と塩を加え、火にかける。砂糖が溶けたら火を止め、ゆっくり味を含ませる。

check ✓ 黒豆は、多めに煮て、冷凍すれば長期保存もできる。また、保存袋に入れて冷凍するとき、30 分位ごとに、保存袋を豆がバラバラになるように軽くもむ。この作業を何回かすると、豆がくっついて大きなかたまりになったりせず、一粒一粒が冷凍になるので使いやすい。

おむすび弁当

春のお弁当 4

1 おむすび（梅干し、塩昆布、たらこ入り）
2 サワラの西京味噌漬け
3 厚揚げと舞茸のオイスターソース炒め
4 切干し大根、干しシイタケ、人参の炒め煮
5 ギンナン添え、大根、薄焼卵の酢の物

③ 厚揚げと舞茸のオイスターソース炒め

材料

厚揚げ
マイタケ
チクワ
タマネギ
スナックエンドウ
オイスターソース
酒
サラダ油

作り方

1. マイタケは食べやすい大きさに分ける。タマネギ、厚揚げ、チクワも食べやすい大きさに切る。
2. スナックエンドウは筋を取る。
3. フライパンに油をひき、タマネギ、スナックエンドウ、厚揚げ、チクワ、マイタケを炒める。
4. 全体に火が通ったらオイスターソース、酒を入れてからめる。

④ 切干し大根、干しシイタケ、人参の炒め煮

材料

切干し大根
干しシイタケ
ニンジン
砂糖
酒
みりん
しょうゆ
だし汁
サラダ油

作り方

1. 切干し大根は水洗いし、水戻し後、しぼって水気を切り、食べやすい長さに切る。
2. 干しシイタケは水に戻して、細切りにする。
3. ニンジンは細切りにする。
4. 鍋に油を熱し、切干し大根を炒め、続いてニンジン、干しシイタケを炒め、だし汁を加え煮る。
5. 煮立ったら砂糖、酒、みりん、しょうゆを加え、煮汁がほぼなくなるまで煮る。

⑤ ギンナン添え、大根、薄焼卵の酢の物

材料

大根
タマゴ
ギンナン（水煮）
合わせ酢《砂糖 、酢、塩》

作り方

1. タマゴは、薄焼きにして、細切りにする。
2. 合わせ酢を作る。
3. 大根は細く切り、軽く塩もみする。
4. 合わせ酢で３の大根と、薄焼きタマゴを和える。
5. ギンナンをつまようじにさして、４の上に飾る。

check ✓ タマゴはやや厚めのほうがおいしい。使用する酢は米酢やリンゴ酢、あるいは各種のビネガーでもよい。

レンコンバーグのサンドイッチ

1. レンコンバーグ
2. 野菜たっぷりのカニ入りオムレツ
3. タマネギのマリネ

春のお弁当 5

① レンコンバーグ

材料

レンコン
ゴボウ
ニンジン
タマネギ
塩
小麦粉
サラダ油

作り方

1. レンコンは、半分をみじん切りにし、もう半分はすりおろす。
2. ゴボウ、ニンジン、タマネギをみじん切りにし、みじん切りにしたレンコンと一緒によく炒め、塩で下味をつけ冷ます。
3. すりおろしたレンコンに、小麦粉、塩を入れ、よく混ぜたら、2 を加える。
4. うすく小判型に丸め、フライパンに油をひき、こんがり焼く。

② 野菜たっぷりのカニ入りオムレツ

材料

タマゴ
カニ缶
キャベツ
タマネギ
塩
コショウ
サラダ油

作り方

1. タマネギはうす切り、キャベツはせん切りにする。
2. タマゴにカニの身をほぐし入れ、塩、コショウを入れて混ぜる。
3. タマネギ、キャベツを油で炒め、2 をザッと流し込み焼く。

check ✓ わが家では、パンはパン焼き器（78 ページ参照）で焼いた自家製をいただくことが多いです。このサンドイッチの黒いパンにはヒマワリの種やゴマなどが入っています。

③ タマネギのマリネ

材料

タマネギ
油（オリーブオイル、またはサラダ油）
レモン汁、またはリンゴ酢
塩

作り方

1. タマネギを繊維に沿って薄くスライスする。
2. ビンなどにタマネギと調味料を入れてふる。冷蔵庫で 1 時間以上寝かせて出来上がり。

check ✓ 香りつけは好みのハーブ、スパイスで工夫してもよい。

ベジタリアン

月曜日なので、英語に行きました。

今日のテーマに関連して、最初にクイズがありました。

まず八人の歴史的に有名な人の顔写真があり、名前と一致させるのでした。

ガンジー、プラトン、スーザン・アンソニー、ダーウィン、エディソン、ベンジャミン・フランクリン、アインシュタイン、ピタゴラスでした。名前と顔は大体みんな分かりました。

次に、何をした人かもスーザン・アンソニー以外は分かりました。彼女のことは、クラスの誰も知りませんでした。

スーザン・アンソニーはアメリカの最初のフェミニストで、女性の参政権獲得のために、活躍した人だそうです。

最後にこれらの人々に共通したものは何かという、質問でした。

人類の進歩に貢献したとか、人々の生活に大きな影響を及ぼしたとか、色々なことを言いましたが、正解はでませんでした。

そして今日の話は、ポール・マッカートニーがヨーロッパ議会で、週に一回は肉なしの日を持とうと言う演説をしたという、話でした。

食肉業から排出される二酸化炭素が、交通によって出されるものより多く、また家畜のえさの穀物を飢えに苦しむ人々に供給することにより、飢餓の問題は解消されると言うようなことを話したそうです。

私たちにはおなじみの話です。

そして最後に先生から、最初の八人の共通点を教えられました。

ガンジーがベジタリアンだったことはよく知られていますが、後の七人もみんなベジタリアンだったそうです。

興味深い話でした。

❶普段は忘れているのですが、これらの材料は、私が見たことも、会ったこともない人の手を通じて、栽培されたり、加工されたり、運ばれたりしてきています。不思議な関係で私たちは、多くの人と結ばれています。

❷自宅の菜園で育てたレタスです。
❸今朝は久しぶりに和食の朝食、ゴーヤがメインの食事です。
❹庭にはいろいろな種類のハーブを植えて、料理に入れたり、お茶に入れて楽しんでいます。
❺原稿を書き終えて、心に余裕が出来たので、久しぶりにパンを焼きました。庭で摘んだ、ローズマリーのフォッカッチャです。

炊き込み鮭おこわ弁当

1 炊き込み鮭おこわ
2 ヒジキと大豆の煮物
3 三色野菜の胡麻酢和え

春のお弁当 6

❶炊き込み鮭おこわ

材料

米
モチ米（米に対して５割）
塩鮭
青シソ（大葉）
タマゴ
酒
油

作り方

1. 米、モチ米は炊く30分以上前にとぎ、ざるに上げる。
2. 炊飯器に1を入れ、鮭をのせ、酒を入れ、ふつうに水加減して炊く。炊き上がったら、身をほぐし混ぜる。
3. 薄焼きにしたタマゴ、青シソの細切りを飾る。

check ✓ 青シソがない場合は、ミツバ、キヌサヤなどを散らす。

❷ヒジキと大豆の煮物

材料

ヒジキ
大豆（水煮）
ニンジン
油揚げ
煮汁《だし汁、砂糖、酒、みりん、しょうゆ》
ゴマ油

作り方

1. ヒジキはさっと洗い、水で戻す。大豆は水切りする。
2. ニンジンはせん切り、油揚げは熱湯に通し油抜きし、細切りにする。
3. 鍋にゴマ油を入れ、ヒジキ、大豆、ニンジン、油揚げを炒める。
4. 全体に油が回れば、煮汁を加え煮る。

❸三色野菜の胡麻酢和え

材料

キュウリ
キャベツ
赤カブ
白ゴマ
塩
ゴマ合わせ酢《切りゴマ、砂糖、酢、塩》

作り方

1. キャベツはざく切り、キュウリは拍子木切り、赤カブはイチョウ切りにして塩で軽くもみ、10分程度置き、しんなりしたら軽くしぼる。
2. ゴマ合わせ酢と1を混ぜ、仕上げに白ゴマをふる。

check ✓ 赤カブは酢漬けにすると美しい赤色になり、お弁当の彩りにもきれいなワンポイントになる。

エビ、イカ入りカレーピラフ弁当

1. エビ、イカ入りカレーピラフ
2. 春巻き
3. キュウリの甘酢漬け

春のお弁当 7

① エビ、イカ入りカレーピラフ

材料

米
小エビ（冷凍）
イカ（冷凍）
タマネギ、ピーマン、シメジ、ソラマメ
塩
カレー粉、ウスターソース、ケチャップ、サラダ油

作り方

1. タマネギはみじん切り、ピーマンは粗みじん切り、シメジは食べやすい大きさに切る。
2. 油でタマネギ、ピーマン、シメジを順に炒める。
3. 炊飯器に米、水、炒めた具材、塩、カレー粉、ウスターソース、ケチャップを入れふつうに炊く。
4. 小エビ、イカはソテー（フライパンで焼く）し、炊き上がった3に混ぜる。ソラマメは塩茹でにし、カレーピラフの上に飾る。

② 春巻き

材料

春巻きの皮
具《ネギ、ショウガ、タケノコ（水煮）、タマネギ、シイタケ》
調味料《砂糖、酒、しょうゆ、塩》
ゴマ油
水溶き片栗粉《片栗粉、水》
サラダ油
揚げ油

作り方

1. ネギ、ショウガはせん切り、ほかの具は3センチぐらいの長さでせん切りにする。
2. フライパンに油をひき、ネギ、ショウガを軽く炒め、野菜類を加える。
3. 砂糖、酒、しょうゆ、塩を入れ、全体になじんだら、水溶き片栗粉でとろみをつけ、ゴマ油を加える。
4. 春巻きの皮の手前3分の1ぐらいのところに具をのせ、皮をかぶせ手前に戻すようにして形をととのえ1回巻き、さらに左右を内側に折り込んで巻き、水溶き片栗粉を皮の先端に塗り巻きあげる。
5. 中温（170～180℃）の揚げ油でキツネ色に揚げる。

check ✓ 冷蔵庫の余り物を整理するのにも重宝するレシピのひとつ。また、たくさん作って冷凍保存することもできる。

③ キュウリの甘酢漬け

材料

キュウリ
甘酢《酢、砂糖 、ゴマ油、塩》

作り方

1. キュウリは塩で板ずりして、乱切りにする。
2. 甘酢を作り、キュウリを漬け込む。

check ✓ 甘酢はキュウリ以外の野菜にも応用できる。

ホタテ入りオムライス弁当

春のお弁当 8

1. ホタテ入りオムライス
2. ポテトサラダ
3. 野菜のピクルス
4. タケノコの煮物

① ホタテ入りオムライス

材料

ご飯
ホタテ貝（冷凍でも可）
タマネギ
キヌサヤ
タマゴ
サラダ油、ケチャップ、塩、コショウ

作り方

1. フライパンに油を入れ、みじん切りにしたタマネギを炒め、ホタテ貝を食べやすい大きさに切り軽く炒める。ケチャップ、塩、コショウで味つけする。
2. 1にご飯を入れ、炒め合わせる。
3. 薄焼きタマゴを作り、2を包む。
4. 軽く火を通したキヌサヤをタマゴの上に飾る。

② ポテトサラダ

材料

ジャガイモ
タマネギ
リンゴ
ニンジン
キャベツ
マヨネーズ
マスタード
リンゴ酢
塩

作り方

1. ジャガイモは、皮をむき、やわらかくなるまで茹で、水切りしてつぶして冷ます。
2. タマネギは薄切りにしてしばらく水にさらし、水切りする。リンゴは皮をむいて、イチョウ切りにする。ニンジンはせん切り、キャベツはざく切りにして軽く塩もみし汁気を切る。
3. 1と2を混ぜ、マヨネーズ、リンゴ酢、マスタード、塩を順に加えながらよく和える。

check ジャガイモは耐熱容器に入れ、レンジで加熱しつぶしてもよい。

③ 野菜のピクルス

材料

好みの野菜
（ニンジン、カブ、大根、キュウリなど）
漬け込み酢

作り方

1. 野菜は食べやすい大きさに切る。根菜類はかために下茹でする。（1分前後）
2. すべての調味料を鍋に入れ沸騰後冷まし、漬け込み酢を作る。
3. 煮沸消毒したビンに野菜を詰め、漬け込み酢を注ぎ、ふたをする。
4. 冷蔵庫で漬け込む。

check 漬け込み酢――私の場合は、以下の分量で作ります。
酢：100cc／水：250cc／塩：大さじ2分の1／砂糖：大さじ1／粒コショウ：大さじ2分の1／ローリエ：1枚／タカノツメ：1本／ニンニク：2分の1片／タマネギ：4分の1個（くし切り）／セロリ、パセリ少々

黒米弁当

春のお弁当 9

❶ 黒米入りご飯
❷ ホタテと彩り野菜のにんにく入りタマネギソース炒め
❸ 海苔入り卵焼き
4 カジキマグロの味噌漬け
5 大根、こんにゃく、ちくわ、昆布の煮物

① 黒米入りご飯

材料

米
黒米少々

作り方

1.黒米は事前に約２時間程度水にひたす。
2.洗った白米に黒米を混ぜ、ふつうの水加減で炊く。

check ✓ 黒米は白米に比べ、必須アミノ酸やビタミンB1、B2、鉄分やカルシウムなどのミネラル類が豊富でモチモチ感がある。

② ホタテと彩り野菜のにんにく入りタマネギソース炒め

材料

ホタテ（冷凍）
ニンジン
タマネギ
マイタケ
ホウレンソウ
ニンニク入りタマネギソース（保存用）
サラダ油

作り方

1.タマネギは薄切り、ニンジンは細切り、マイタケ、ホウレンソウ、ホタテは食べやすい大きさに切る。
2.タマネギ、リンゴ、ニンニク、ショウガはすりおろし、砂糖、酒、みりん、しょうゆを混ぜ合わせ煮て、タマネギソースを作る。
3.フライパンに油を入れて熱し、タマネギ、ニンジン、マイタケ、ホタテ、ホウレンソウの順に入れ火を通す。
4.タマネギソースを入れ、軽く煮からめ、全体にソースがなじんだら、火を止める。

check ✓ タマネギソース――私の場合は、以下の分量で作ります。
タマネギ：２分の１個／リンゴ：４分の１個／ニンニク：１片／ショウガ：１片／砂糖：大さじ２／酒：２分の１カップ／みりん：大さじ１／しょうゆ：４分の１カップ

③ 海苔入り卵焼き

材料

タマゴ
海苔
みりん
しょうゆ
サラダ油

作り方

1.タマゴを溶き、みりん、しょうゆを混ぜる。
2.卵焼き器（フライパン）に薄く油をひき、溶きタマゴを流す。
3.海苔を並べ巻きながら焼く。

check ✓ 海苔は味付け海苔、刻み海苔、もみ海苔などでもよい。

いなりと茶巾寿司弁当

春のお弁当 10

1. 茶巾寿司
2. いなり寿司
3. スズキの木の芽焼き
4. 根菜の炒め煮
5. 野菜じゃが

① 茶巾寿司

材料

酢飯
シイタケ（乾物）、ゴボウ、ニンジン、ミツバ、タマゴ
煮汁《だし汁、砂糖、みりん、しょうゆ》
みりん
塩
油

作り方

1. (酢飯の作り方は、15 ページの①を参照)
2. シイタケは水で戻し細切り、ニンジン、ゴボウはせん切りにする。
3. 鍋にだし汁を入れ、シイタケ、ニンジン、ゴボウを加えて煮る。砂糖、みりん、しょうゆで味つけする。
4. 酢飯に 3 を混ぜ込む。
5. タマゴに塩、みりんを入れ泡立てないように溶きほぐしフライパンに流し込み薄焼きタマゴを作る。この時、片栗粉の水溶き少々を加えると、包むとき破れにくい。
6. 薄焼きタマゴで 4 を茶巾に包み、さっと茹でたミツバを飾る。

② いなり寿司

材料

酢飯
油揚げ
煮汁《だし汁、砂糖、酒、みりん、うす口しょうゆ、塩》

作り方

1. 油揚げを半分に切り中を開き、湯煮にして湯を捨てる。
2. 鍋に煮汁を入れ、油揚げを入れて汁気がなくなるまで煮る。
3. ①の茶巾寿司で作った具材入りの酢飯を軽く丸めてから、油揚げに詰め、形をととのえる。

③ スズキの木の芽焼き

材料

スズキ
サンショウの葉（木の芽）
木の芽味噌《白みそ、酒、みりん、砂糖、サンショウの葉》
塩

作り方

1. スズキに酒、塩をふり 10 分程度おく。
2. 木の芽味噌用のサンショウの葉を細かく刻む。
3. 鍋にみそ、酒、みりん、砂糖を入れ弱火にかけ、練り混ぜ、とろみがでてきたら、刻んだサンショウの葉を入れ、手早く混ぜる。
4. スズキを焼き、表面が軽く焦げたら、木の芽味噌をのせてさらに焼き、焦げ目をつける。
5. サンショウの葉を飾る。

春のコラム

ハーブ収穫

ハーブが大分育ってきて、今日は少し収穫して、夕食にはそれらを使ったお料理をしました。

ミツバは庭のあちこちにあります。少し前は、出てきた葉をちょっとつまんで、薬味程度に使っていましたが、今ではたっぷりとれるほどに生長しました。

シソは、こぼれた種から出たのが密生していますが、ようやく使えるくらいの大きさの葉になりました。

セロハンで覆いをして冬を越したパセリ、他にルッコラ、セージ、スープセロリ、バジル、イタリアンパセリなどを採りました。

夕食のイワシのバーグには、パセリ、イタリアンパセリ、セージ、バジルのみじん切りを入れました。イワシの生臭みが全くなく、おいしくできました。

野菜のミネストローネ・スープには、スープセロリ、イタリアンパセリ、パセリを入れました。

ニース風サラダには、ルッコラとバジルを入れました。

夫にも大好評でした。

シソの葉は、お弁当の卵焼きに入れました。

日本と西洋のハーブ、庭には多分30種類以上あると思います。自然に出てくるもの以外は、植木鉢やプランターで育てています。少しあると、お料理に広がりが出来、また楽しいものです。

保存食をつくる

私はいつも夕食は、30分か長くても45分くらいで作ります。

そのために、ちょっとした工夫をします。月曜日に届いた野菜は全て洗ったり、茹でたりして、ステンレスやホーロー容器に入れ冷蔵庫に保存します。こうしておくとお料理する時すぐ使え、時間短縮になります。時間のある時、集中調理もします。今日は1時間半くらい時間をかけて、お料理しました。

明日が会議で、明後日は木曜日なので、ばたばたしなくて済むように、保存食を作りました。

今日の夕食は、かつおのお刺身でしたが、一サクだと二人には多いので、残りを南蛮漬けと角煮にしました。

レンコンは薄味の酢レンコンにしました。これだと、サラダに入れたり、和えものにも使えます。

大きな大根が届いたので、炒めなます（大根・人参・干しシイタケ・揚げ）と大根といかのゲソとの煮物、いかの胴の部分はカレー揚げにしました。

これだけ作っておくと休日もゆっくりでき、お弁当にも変身できます。

ちょっと忙しかったですが、できた保存食を並べて満足しました。

私の日常から　絵手紙

私が絵手紙を始めたのは、2000年の春、故郷の両親に宛てて描いたのがきっかけです。以来10年以上、ただ自然に、淡々と日記を書くように、離れて住む家族をはじめいろんな方々に絵手紙を描いてきました。自宅や、山梨の山荘で、四季の花々や野菜、身近な品々を描く静かなひとときは、私にとって大切な時間です。

今年は猛暑で、植木鉢に植えたミニトマトは、途中から花がつかなくなりました。
九月十七日

夏の恵み

夏のエッセイ1

食卓から平和を

2009年8月ブラジルでの、生長の家「世界平和のための国際教修会」のテーマは、「自然と人間との共生・共存」でした。そのために私は色々の本を読んで勉強しました。その結果感じたことは、「食卓から平和を」ということが、とても重要な現代の問題だということを、改めて思いました。

いま問題になっている、地球温暖化は、グローバリゼーションと大いに関わっています。現代は、人も物も大きく世界中を動き回ります。その結果、二酸化炭素が沢山排出され、温暖化しています。

人は毎日食事をしなくては、生きていけません。その食事で、何を食べるか、どこからきたものを食べるか、どのように栽培されたものを食べるか、そのことにより、二酸化炭素の排出を増やしたり抑制したりできます。

また、貧しい国の人々の食料を奪う食べ物もあります。ですから、人の食料を奪わず、農薬などで環境を破壊せず、地《ち》産《さん》地《ち》消《しょう》を心がけることは、世界平和にも、大いに貢献することになります。

台所は、環境、資源、平和の問題と直接結びついていることがわかります。私たちが何を選択するかは、大変重要なのです。

ちょっと硬い話になりました。普段は生長の家の本や、自分の好みの本を読むことが多いのですが、教修会のように、テーマがあると、それに関連した本を読みます。

すると、自分の無知を知ることになりますが、一方今まで知らなかったことや、おぼろげながら感じていたことが、明らかに理解できたりします。それは知的興奮を覚え、さらに詳しく、広く知りたいと思い、興味はつきません。

新しいことを知ることは、人間にとって楽しいことなのだと思います。

❶ 2009年8月、ブラジル・ベレンでの一般講演会では、夫と共に記念の植樹を行いました。この木（マホガニー）がいつか大きく育ち、未来の森の一部となってくれることを願っています。

❷ベレン郊外にある原始林にて。アマゾンの原始林は、地球の酸素の約20%を生み出しているそうです。

❸ 2009年8月、ブラジルでの国際教修会にて。
❹サンパウロの市場にて。果物の豊富さと、安さには驚きました。ブラジルの食糧自給率は約90%、ほとんどの食べ物を自国でまかなえます。

豆腐バーグとイカのトマト煮弁当

夏のお弁当 1

❶ 豆腐バーグ
❷ イカとズッキーニのトマト煮
❸ ヒジキの煮物
4 ポテトサラダ
5 人参の甘煮
6 干しシイタケ煮
7 味噌漬け魚

❶ 豆腐バーグ

材料

豆腐
ショウガ
ニンジン
ネギ
パン粉
たれ《みりん、しょうゆ》
サラダ油

作り方

1. 豆腐は30分以上水切り、ニンジンはせん切り、ネギはみじん切りにし、ショウガはおろしておく。
2. パン粉、豆腐、ショウガ、ニンジン、ネギをよく混ぜ、粘りが出たら、しょうゆとみりんで味をつけ、小判型に丸める。
3. フライパンに油を熱し、2を焼く。

❷ イカとズッキーニのトマト煮

材料

イカ
トマト（缶詰）
ズッキーニ
タマネギ
白ワイン
オリーブオイル
塩

作り方

1. イカの胴とズッキーニは食べやすい大きさに切り、タマネギは粗みじん切りにする。
2. フライパンにオリーブオイル、タマネギを入れて弱火にかけ、香りを引き出す。イカを加えよく炒める。
3. 2に白ワインと塩を加え、トマトとズッキーニを入れたらふたをして10分ほど煮込む。

check ✓ 生のトマトを使用しても作ることができる。

❸ ヒジキの煮物

材料

ヒジキ（乾燥）
ニンジン
煮汁《だし汁、砂糖、みりん、しょうゆ》
サラダ油

作り方

1. ヒジキは水で戻し、ニンジンはせん切りにする。
2. 鍋に油を熱して、ヒジキ、ニンジンを炒め、煮汁を加え、弱火で煮る。

おむすびとスズキのムニエル弁当

1. スズキのムニエル
2. 卵の袋煮
3. 小松菜とさつま揚げの煮びたし
4. 人参とジャガイモのグラッセ
5. 大根と人参のぬか漬け
6. おむすび三種──梅干し、昆布、アサリの佃煮

夏のお弁当 2

❶ スズキのムニエル

材料

スズキ（切り身）
ハーブ
小麦粉
塩
コショウ
オリーブオイル
レモン

作り方

1. スズキに塩、コショウ、みじん切りにしたハーブ、小麦粉をまぶす。
2. フライパンにオリーブオイルを入れ、スズキを両面カリっと焼く。レモンの輪切りを添える。

check ハーブはバジル、フェンネル、ローズマリーなどがおすすめ。魚の臭みが気になる場合は白ワインか酒をひとふりする。

❷ 卵の袋煮

材料

タマゴ
油揚げ
煮汁《だし汁、砂糖、酒、しょうゆ》

作り方

1. 油揚げは半分に切り、破らないように開く。タマゴを割り入れて口をつまようじで止める。
2. 鍋に煮汁を作り 1 を入れ沸騰させ、中火で 3 分ほど煮る。その後、約 15 分蒸らす。

check タマゴは一度小さな器に割ってから、油揚げの中に入れれば簡単。

❸ 小松菜とさつま揚げの煮びたし

材料

コマツナ
さつま揚げ
煮汁《だし汁、砂糖、酒、しょうゆ》

作り方

1. コマツナは、きれいに洗って、さっと茹で、3 センチの長さに切る。さつま揚げは食べやすい大きさに切る。
2. 鍋に煮汁を入れ煮立て、コマツナ、さつま揚げを加えて煮る。

野菜のベーグルサンド

❶野菜のベーグルサンド
　具材 A：人参のナムル・紫タマネギのマリネ・クリームチーズ
　具材 B：ナスとマッシュルームのオイル焼き・ゆで卵
2 キュウリのピクルス
3 キャベツのザワークラウト（市販品）
4 サクランボ

夏のお弁当 3

① 野菜のベーグル

材料

ベーグル
レタス
粒マスタード
バター

作り方

1. ベーグルをスライスし、軽く焼く。
2. 粒マスタード、バターを塗り、好みの具材やレタスをはさむ。

具材 A：人参のナムル

材料

ニンジン
塩
ゴマ油
サラダ油

作り方

1. ニンジンはせん切りにする。
2. 塩をして 30分くらいおき、しっかり水気をしぼる。
3. フライパンに、ゴマ油、サラダ油を入れ、ニンジンを3分炒める。

具材 B：ナスとマッシュルームのオイル焼き

材料

ナス
マッシュルーム
オリーブオイル
塩
コショウ

作り方

1. ナスは輪切りにする。
2. マッシュルームはスライスする。
3. フライパンにオリーブオイルを入れ、ナスを両面焼く。
4. ナスがしんなりしてきたら、マッシュルームを加えて焼き、塩、コショウする。

具沢山のちらし寿司弁当

夏のお弁当4

1. 具沢山のちらし寿司
2. イカとなす、タマネギ、パプリカの味噌炒め
3. 干しシイタケのオイスターソース煮

① 具沢山のちらし寿司

材料

酢飯
干しシイタケ
ニンジン
高野豆腐
タマゴ
青シソ（大葉）、甘酢ショウガ
だし汁《シイタケの戻し汁》
砂糖
みりん
しょうゆ
塩

作り方

1.（酢飯の作り方は、15ページの①を参照）
2.干しシイタケはぬるま湯で戻し、軸を落とし、うす切りにする。高野豆腐も水で戻し、手のひらにはさみ軽く水気を切り細かく刻む。ニンジンはせん切りにする。
3.鍋にだし汁を入れ、干しシイタケ、ニンジンを煮る。途中、砂糖、みりん、しょうゆ、塩を入れて味つけし、高野豆腐を入れて煮る。
4.3を酢飯に混ぜる。
5.薄焼きタマゴを作りせん切りにする。青シソは細かく刻む。
6.4に薄焼きタマゴ、青シソを散らし、甘酢ショウガを添える。

② イカとなす、タマネギ、パプリカの味噌炒め

材料

イカ
ナス
タマネギ
パプリカ
調味料《酒、みそ、砂糖》
サラダ油

作り方

1.ナスは半月切り、パプリカは横半分に切り、太めのせん切り、タマネギはうす切りにする。
2.イカの胴は、1センチ幅の輪切りにする。
3.フライパンで油を熱し、タマネギ、ナス、イカ、パプリカの順に炒める。
4.調味料を加えさっと炒める。

③ 干しシイタケのオイスターソース煮

材料

干しシイタケ
調味料《オイスターソース、砂糖、酒、しょうゆ》
ゴマ油

作り方

1.鍋に、戻した干しシイタケと戻し汁を入れ火にかけ、20分ほど煮る。
2.1に調味料を入れ、さらに10分ほど煮る。
3.仕上げにゴマ油をかける。

マンダイのゴマ焼き弁当

夏のお弁当 5

1 赤米
2 マンダイのゴマ焼き
3 ジャガイモと大豆のトマト煮
4 大根、人参、クラゲの酢の物
5 シソ入り卵焼き
6 ゴボウ、人参、昆布、インゲンの煮物

❷ マンダイのゴマ焼き

材料

マンダイ（切り身）
黒ゴマ
小麦粉（水どき）
調味料《しょうゆ、酒、みりん》
サラダ油

作り方

1. マンダイは20分ほど調味料に漬け、軽く水気をふき取る。
2. 水どき小麦粉をマンダイにつけ、その上に黒ゴマを両面まぶす。
3. フライパンに油をひき、両面をこんがり焼く。

❸ ジャガイモと大豆のトマト煮

材料

トマト（水煮）
ジャガイモ
タマネギ
うす切りニンニク
大豆（水煮）
調味料《砂糖、酒、みりん、しょうゆ》
だし汁
サラダ油

作り方

1. ジャガイモは皮をむき、食べやすい大きさに切る。タマネギはくし切りにする。
2. 鍋に油を入れ、うす切りニンニクを炒め、香りが出たらタマネギを加える。タマネギがしんなりしたら、水煮トマトのざく切り、ジャガイモ、大豆、だし汁を入れて煮立たせ、調味料を加え、10分ほど煮る。

❹ 大根、人参、クラゲの酢の物

材料

塩クラゲ
大根
ニンジン
合わせ酢《酢、砂糖、しょうゆ、ゴマ油》

作り方

1. 塩クラゲは水洗いし、熱湯をかけ、水に入れる。２、３回水を替え、一日おく。
2. ニンジン、大根はせん切りにし、塩もみする。
3. 水切りした塩クラゲ、ニンジン、大根を合わせ酢で和える。

ジャムづくりの楽しみ１

●●● カラントジャム

今回、山荘に来たら房スグリの実が赤く色付いていました。英語名はカラントのようです。レッドカラントでしょうか。

いつも決まった時期に来るわけではないので、まだ青かったり、反対に黒ずんで腐りかけているときなどがあります。

夫と二人で採ったら、かなり沢山採れました。きれいな色なので、庭で眺める分も少し残しました。

一か月くらい前、東京の花屋さんでは、この房スグリを飾り用として、沢山売っていました。華やかな色合いは、花瓶に挿しても映えますね。

私も、小さな枝を切ってテーブルに飾りましたが、鮮やかな澄んだ色は室内に置いても変わりませんでした。

夫の要望もあり、ジャムにしました。ちょうど野生の木イチゴも生《な》っていたので、それも混ぜました。

木イチゴはよい香りがするので、一緒にジャムにすると良いのではないかと思ったからです。

約半量のお砂糖と、レモン汁２分の１個分を入れて煮ました。

ペクチンが豊富なようで、15 分から 20 分くらいで、ジェリー状態になりジャムができました。以前に作った時は、食べた時に種が気になったので、今回も心配しましたが、ほとんど気にならない状態で、出来上がりました。

スグリの収穫時期によって、種の硬さが違うからかもしれません。以前に作った時は、少量だったのですぐに蒸発してしまって、じっくり煮ることができませんでした。今回は量があったので、最初ふたをして、弱火で煮たのが良かったかもしれません。

何回も作ってみないと、うまくできないのは、何でも同じですね。

❶山荘にて。かわいい房スグリの実が赤く色付いていました。
❷ルビーのようなきれいな実を摘んで、ジャムにします。
❸ジェリー状態になれば出来上がり。
❹おいしいジャムができました。自然からのうれしい恵みです。

夏のエッセイ2

庭からの恵み

ミニトマトの苗が二本ありますが、少しずつ収穫できて楽しみです。赤と黄色の二種類です。

昨日本屋さんで、安《あん》野《の》光雅《みつまさ》さんの『ふしぎな　たね』(童話屋刊）という絵本を買いました。帯に「数学を通して、食べ物、そして自然に感謝することを学ぶ」と書いてあります。

なまけものの男が「せんにん」（仙人）から、不思議な二個の種をもらいます。その種は一個は焼いて食べれば、一年間何も食べなくてもお腹が空かない種で、もう一個を地面にうめると秋には二個の種ができると言われました。男は言われたとおりにしました。

そんなことを来る年も来る年もしていましたが、あるとき気が付きました。何の進歩もないと。そこである年、二個ともうめて、何か他の物を食べて過ごそうと思いました。すると秋には四個の種ができて、一個食べても三個残ります。三個うめると次の年には六個の種ができます。

十年目には、畑は種でいっぱいになりました。ところが収穫の時期に嵐が来て、大水が出て、種はみんな流されてしまいました。木にくくりつけておいた十個だけが残りました。

大事な一人の子供が流されなかったので、妻と感謝して、家族三人三個の種を食べて、残り七個地面にうめました。

「どうか　いい　タネが　みのりますよう」2人は　天に　いのりました。

解説で安野さんは「わたしたちは、米一粒で一年をすごすことはできませんが、でも、一粒の米をタネにすれば、二粒どころか何百粒ものタネが実ります。絵そらごとの絵本よりも、現実の世界の方がよほどふしぎです。」と書いておられます。

不思議な世界に生かされていることを、考えずにはおれません。

私のトマトはいくつできるでしょうか？

黄色い可憐な花から、赤や黄色のトマトがなりました。

夏はゴーヤが大活躍の季節。緑のカーテンにも、いろんな料理にも変身します。

ほんの少しでも、自分で育てたものを収穫するのは、楽しいことです。

エビとシソの餃子弁当

夏のお弁当 6

1 エビとシソの餃子
2 セロリのワサビ漬け和え
3 小松菜、舞茸、油揚げの煮びたし
4 ゴボウ、人参、昆布、干しシイタケの煮物
5 キュウリちくわ

① エビとシソの餃子

材料

エビ
ニラ
青シソ（大葉）
長ネギ
ショウガ
餃子の皮
酒
しょうゆ
ゴマ油

作り方

1. エビは1センチ程度のあられ切りにして酒をふる。長ネギ、ショウガをみじん切りにし、ニラは細かく切る。シソは半分に切る。好みでしょうゆ、ゴマ油を入れよく混ぜ合わせる。
2. 餃子の皮にシソの葉をのせ、1の具を包む。
3. フライパンで蒸し焼きする。

② セロリのワサビ漬け和え

材料

セロリ
ワサビ漬け（市販品）
塩

作り方

1. セロリは筋を取り、食べやすい大きさに切り、塩を入れさっと茹でる。
2. セロリの水気を切り、ワサビ漬けで和える。カマボコやチクワを加えてもよい。

③ 小松菜、舞茸、油揚げの煮びたし

材料

コマツナ
マイタケ
油揚げ
だし汁
調味料《しょうゆ、酒、みりん》

作り方

1. コマツナはきれいに洗って、さっと茹で、3センチの長さに切る。マイタケも食べやすい大きさに切る。
2. 油揚げは半分に切り、細切りにする。
3. 鍋にだし汁、調味料を加え、コマツナ、マイタケ、油揚げを入れて、2、3分煮る。

カニチャーハンとさんまの梅煮弁当

夏のお弁当 7

1. カニチャーハン
2. さんまの梅煮

❶ カニチャーハン

材料

カニ身（缶詰）
タマゴ
ネギ
ショウガ
ピーマン
ご飯
塩、コショウ
しょうゆ
酒
サラダ油

作り方

1. カニの身はほぐし、ネギ、ショウガ、ピーマンはみじん切りにする。
2. フライパンに油を熱し、高温で炒りタマゴを作り、取り出す。
3. フライパンに油を足して、ネギ、ショウガを炒める。温めたご飯を入れて炒め、カニ肉を加え、炒め合わせる。
4. ピーマン、2のタマゴを入れ、塩、コショウをして、最後に鍋肌から、しょうゆ、酒を回し入れる。

check ✓ カニ身は炒めすぎると風味が飛んでしまうので注意。

❷ さんまの梅煮

材料

サンマ
梅干し
調味料《砂糖、酒、みりん、しょうゆ》
ショウガ

作り方

1. サンマは頭を切り、4分の1の筒切りにし、一度熱湯にくぐらせ、臭みを取っておく。
2. 鍋に水と梅干し、ショウガ、酒を入れ煮立たせてから、サンマを入れる。
3. 煮立ったら砂糖、みりん、しょうゆを加え、10分から15分煮る。

サワラの味噌漬け弁当

夏のお弁当 8

1 赤米ご飯
2 サワラの味噌漬け
3 インゲンの胡麻和え
4 ナスの大葉味噌炒め
5 エビ餃子
6 高野豆腐、干しシイタケ、人参の含め煮
7 卵焼き

② サワラの味噌漬け

材料

サワラ（切り身）
合わせみそ《白みそ、酒、みりん》
塩

作り方

1. サワラは軽く塩をふり、1 時間ぐらい塩をなじませる。
2. 白みそ、酒、みりんを混ぜ、合わせみそを作る。
3. 合わせみそでサワラをはさみ、2、3 日冷蔵庫で漬け込む。
4. サワラの表面のみそをふき取り、焦げ目がつく程度に焼く。

③ インゲンの胡麻和え

材料

インゲン
合わせ調味料《ねりゴマ、砂糖、酒、しょうゆ》
塩

作り方

1. インゲンは筋を取り、塩を入れた熱湯で茹でる。やわらかくなったら冷水に取り、水切りして、2、3 センチの長さに切る。
2. 合わせ調味料を作り、インゲンを和える。

check 白ゴマを黒ゴマに変えてもよい。

④ ナスの大葉味噌炒め

材料

ナス
青シソ（大葉）
調味料《みそ、砂糖、酒、みりん》
サラダ油

作り方

1. ナスは食べやすい大きさに切り、青シソはせん切りにする。
2. フライパンに油をひき、ナスがやわらかくなるまで炒める。
3. 調味料を入れ、最後に青シソを加える。

海苔巻き弁当

❶海苔巻き

夏のお弁当 9

① 海苔巻き

材料

酢飯
寿司海苔
タマゴ
カンピョウ
干しシイタケ
キュウリ
青シソ
スモークサーモン
アサリの佃煮
煮汁《だし汁、砂糖、酒、みりん、しょうゆ》
タマゴ焼き用調味料《砂糖、塩》
サラダ油

作り方

1. 酢飯を作る。（15 ページの①を参照）
2. キュウリは、塩をふって板ずりし、たてに 4 等分する。
3. タマゴは砂糖、塩少々を混ぜタマゴ焼きを作り、たてに 4 等分する。
4. 青シソは水洗いしておく。
5. カンピョウは水洗い後、塩をふって弾力が出るまでもみ、水で 30 分くらい戻し、使いやすい長さに切り、煮汁で水気がなくなるまで煮る。
6. 干しシイタケは水に戻した後、煮汁で水気がなくなるまで煮る。
7. スモークサーモンは使いやすい長さに切っておく。
8. まきすの手前端に、寿司海苔を合わせて置き、1 本分の酢飯を海苔の奥 1.5 センチほど空けてのせる。
9. 好みの具をのせ、まきすで具を巻いたところで一度、きつく締めて後は転がすように一気に巻く。
10. 巻き終わりを下にして置き、少しなじませてから切る。

check ✓ アサリの佃煮は、海苔巻きの具材としてもよく合う。一度おためしを！
切るたびに包丁を濡れぶきんでふきながら、一気に切るときれいに切れる。

三色おむすび弁当

夏のお弁当 10

1 三色おむすび
2 アジのふき味噌焼き
3 ネギ入り卵焼き
4 キュウリちくわ
5 黒豆
6 ポテトサラダ

① 三色おむすび

材料

ご飯
おぼろ昆布
梅干し
ゴマ
塩

作り方

1. 梅干しを刻んでおく。
2. 炊飯したご飯を入れ分け、刻んだ梅干しを混ぜたもの、ゴマと塩を混ぜたものを作る。
3. ご飯が手につかないように、手を水でぬらし、手塩をほどよくつけ、おむすびを作る。
4. 三色になるように白むすびにおぼろ昆布を巻く。

② アジのふき味噌焼き

材料

アジ
フキノトウ
みそ
砂糖
酒
みりん
サラダ油

作り方

1. フキノトウはさっと茹でて、小さく刻む。
2. 1にみそ、砂糖、酒、みりんを入れて火にかけ、ねり上げる。
3. 三枚におろしたアジの真ん中に、1のフキみそを小さじ1くらいのせ、半分にして楊子で止める。
4. フライパンでうすく油を熱し、両面こんがり焼く。

check ✓ 市販のフキみそを利用すれば手軽に作れる。

③ ネギ入り卵焼き

材料

タマゴ
長ネギ（または細ネギ、万能ネギ）
塩
みりん
サラダ油

作り方

1. ネギを刻む。
2. タマゴをボウルに割り入れ、1のネギと塩、みりんを混ぜる。
3. 熱したタマゴ焼き器に油をひき、溶いたタマゴを流し込む。
4. タマゴが少し固まったら巻くようにして焼き、形をととのえる。

check ✓ 甘い味が好みなら砂糖を加える。

夏のコラム

だし汁

私は、コンソメキューブや顆粒だし、粉末のだしなどは使わず、ほとんどのものを、煮干しと昆布で取っただしで作ります。慣れないと面倒に思うかもしれませんが、大きなお鍋に水と煮干しと昆布を入れて、煮ておくだけです。2、3日分作って、冷蔵庫に入れておきます。

お料理をするとき、だしを取るところからというと、時間がかかるし面倒です。ですから、例えば、食器洗いの時や仕事をしているとき、保存のだしが無くなりそうと思ったら、すぐガスにお鍋をかけておきます。

以前は、コンソメなど使っていました。和風だしは、最初は頼りなく感じられましたが、慣れるとすっきりした味です。コンソメには、牛や豚の骨など色々入っているので、不安ですし、案外濃い味です。洋風料理でも、香辛料や玉ねぎ、セロリ、人参、にんにくなどで、味に変化がつきますから、今はすっかり洋風、和風、中華みなこのだしで作ります。

少し上等なお澄ましや麺つゆなどは、かつおのだしを取ります。

カラフル野菜のマリネ＆炒め人参

朝食のサラダ用に、保存食をいくつか作ります。季節によって少しかわりますが、今はこの三つが多いです。

ひじきのマリネ、炒め人参、紫玉ねぎのマリネです。これらを毎日朝のサラダに入れます。今はレタス、トマト、きゅうりなどの季節の野菜です。冬になると、大根、カリフラワー、蓮根などになります。人参は生だと少し硬いですが、炒めると食べやすく、カロチンと相性の良いサラダ油で炒めてあるので、栄養豊富です。ひじきで海藻も摂れます。

これらはみな、保存食の料理本などから得たアイデアを、私風にアレンジしたものです。

ひじきのマリネ――ひじき（15グラム）を戻して3分くらい茹でて、ざるにあげ水切りする。それを、酢、しょうゆ、みりん（各大さじ1）のマリネ液に入れる。冷めたら冷蔵庫で保存。朝のサラダ以外にも、サラダ油やゴマ油を足して、野菜や卵、魚介などと一緒に、酢のものにもできます。

炒め人参――千切りにした人参に塩（小さじ1）をして、30分以上置く。水けを絞って、フライパンにサラダ油を入れて人参を加え、しんなりするまで3～5分炒める。冷めたらガラス容器に入れて、冷蔵庫で保存。この人参も、色々に応用できます。

紫玉ねぎのマリネ――玉ねぎを薄切りにして、塩、コショウ（各少々）、リンゴ酢（大さじ1）、サラダ油（大さじ1）に漬け込む。

これらの保存食のおかげで、朝食に多くの種類の野菜を摂ることができます。

私の日常から

全国での講習会

週末の土日は、ほとんど毎週、全国の都市で行われる生長の家の講習会で、夫とともに講話をするために出かけます。生長の家の真理の話に真剣に耳を傾けて下さる多くの聴衆の方々や、様々な土地の自然や人々の暮らしに触れるのは、私の大きな喜びです。
終了後、帰ってくるのは夜9時や10時になります。そして寝る前か翌朝には、自分のブログ「恵味な日々」に、講習会の旅先で印象に残った出来事や風景、そして毎日のお弁当をアップします。

秋の恵み

秋のエッセイ1

雄大な自然

大泉（北杜市）に来ています。

途中甲府のあたりで、夕焼けを見ました。

東京では見ることのできない、大きい空に広がる夕焼けでした。

今日は午後から、天女山という車で五分くらいの山に行き、キノコ採りをしました。

夏キノコのタマゴタケを、二人で二個ずつ見つけました。

このキノコは図鑑によると、「日本～中国～セイロン及び北アメリカ（特に東部）に分布、美しくしかも美味な食菌」と、書いてあります。

山の林の中でも、鮮やかな色でとても目立ちます。

それでも、見つけるのは、どこを歩くかによりますから、すぐ近くにあっても見つけられないこともあります。

そこがキノコ採りの難しいところであり、面白いところでもあります。

でも、初めてこのキノコを見たら、多分毒キノコだと思って、採らないのではないかと思います。食用キノコのイメージを裏切る色ですから。

夫はどんなキノコでも、積極的に試してみようとしますが、私はキノコに関しては、とても消極的で、採るだけで満足するほうです。

じゃあ、何のために採るのと言われそうですが。

キノコ採りはほんの30分くらいにして、小淵沢にあるフィリア美術館に行きました。

「森のきのこ展　小林路子―美しい菌類画の世界」が開催中でした。色々な種類のきのこがとても美しい色と形で、繊細に描かれていました。家には以前に買った小林さんの画集があるのですが、原画を見るのは初めてでした。

楽しく有意義な休日でした。

❶森の中には、木の棒は沢山落ちているので、棒を持って、クマザサの下を探しました。
キノコ採りは、このあたりでは1、2時間でできます。非日常のわくわく感が手軽に体験できるので、つい期待してしまいます。

❷森で採れたタマゴタケです。

❸どんな料理にしようか考えながら下準備するのも、楽しいものです。
❹これも森で採れた、クリフウセンタケです。

小豆入り栗おこわ弁当

秋のお弁当 1

❶ 小豆入り栗おこわ
❷ さつま揚げの甘辛煮
❸ 根菜の炒め煮
4 黒豆の甘煮
5 切干し大根と揚げの甘酢漬け

❶ 小豆入り栗おこわ

材料

米、モチ米（1:1）
アズキ
クリ（生）
塩
砂糖
酒

作り方

1.クリは5分くらい茹でる。鬼皮と渋皮をむき、大きければたてに二つから三つに切り、薄い塩水につけてアクを取る。
2.アズキはやわらかくなるまで茹でる。
3.炊飯器にといだ米とモチ米、クリ、アズキ、アズキの茹で汁と酒を入れ、通常より少ない水加減で炊く。
4.炊き上がったら、よく蒸らしてから、かき混ぜる。

check クリは甘露煮を利用しても、おいしく作ることができる。

❷ さつま揚げの甘辛煮

材料

サツマ揚げ
ショウガ
砂糖
しょうゆ
だし

作り方

1.サツマ揚げを食べやすい大きさに切る。ショウガはせん切りにする。
2.鍋に砂糖、しょうゆ、ショウガを入れ、サツマ揚げを味をからませるように煮る。

❸ 根菜の炒め煮

材料

ゴボウ
ニンジン
レンコン
干しシイタケ
砂糖
酒
みりん
しょうゆ
サラダ油

作り方

1.ゴボウ、ニンジン、レンコンはそれぞれ小さめの乱切りにする。
2.干しシイタケは水で戻し、1の根菜と大きさを合わせて切る。
3.鍋に油を熱し、材料を炒め、全体に油がまわったら、砂糖、みりん、酒、しょうゆを入れて、弱火で煮汁がほとんどなくなるまで煮る。

Point 生グリ（栗）を簡単にむくには……

1.沸騰した湯に、クリを入れ5分間茹でて火を止める。
2.手で触れるくらいになったら、湯からクリを取り出し、切れ目を入れ、硬い皮をはがしながら渋皮をむく。
（「栗くり坊主」などという便利なクリむきのハサミもある）

貝柱入り大豆バーグ弁当

秋のお弁当 2

1 赤米ご飯
2 貝柱入り大豆バーグ
3 百合根の梅肉和え
4 根菜類の炊き合わせ

② 貝柱入り大豆バーグ

材料

大豆（水煮）
タマネギ
干し貝柱（缶詰、またはツナ缶）
タマゴ
パン粉
米粉
塩
コショウ
サラダ油
ソース《ケチャップ、ウスターソース、赤ワイン》

作り方

1. 貝柱は少量の水で戻し、細かくしておく。大豆は水切りし、フォークなどでつぶす。タマネギはみじん切りにする。
2. タマネギを油で透明になるまで炒める。
3. つぶした大豆に、炒めたタマネギ、水で戻した貝柱、タマゴを加え混ぜる。
4. 米粉、パン粉などを加え固さを調節し、塩、コショウで味をつけ、フライパンに油をひき小判型にして焼く。
5. 小鍋にソースの材料を入れ火にかける。
6. 大豆バーグにソースをからめる。

③ 百合根の梅肉和え

材料

百合根
梅干し
砂糖
みりん

作り方

1. 百合根は一枚ずつはがし、よく洗う。
2. 酢と塩を入れた熱湯で、固めに茹でる。
3. 湯切りをして、さます。
4. 梅肉を包丁でたたき、砂糖とみりんを入れて、味と固さを調節する。
5. 4 の梅肉で百合根を和える。

野菜のツナチャーハン弁当

秋のお弁当 3

❶ **野菜のツナチャーハン**
❷ **レンコンの酢漬け**
3 ポテトサラダ
4 ピーマンのソテー
5 ロールキャベツ
6 しば漬け

❶ 野菜のツナチャーハン

材料

ご飯
ツナ（缶詰）
ニンジン
タマネギ
ピーマン
トマト
タマゴ
塩、コショウ
しょうゆ
サラダ油

作り方

1. ニンジン、タマネギはみじん切りに、トマト、ピーマンは食べやすい大きさに切る。
2. ボウルにタマゴを溶き、フライパンで炒りタマゴを作る。
3. フライパンに油を熱し、タマネギ、ニンジンに十分火を通し、油気を切ったツナを入れる。
4. ご飯を入れ、よく炒め、ピーマンとトマト、2の炒りタマゴを加える。
5. 塩、コショウ、しょうゆで味をととのえる。

❷ レンコンの酢漬け

材料

レンコン
合わせ酢《砂糖、酢、塩》

作り方

1. レンコンは皮をむき、薄切りにする。
2. 鍋に湯を沸かしさっと茹でる。
3. 水気を切り、熱いうちに合わせ酢に漬ける。

check ✓ ピリッとした刺激をプラスしたい時は、タカノツメを合わせ酢に加えてもよい。

炊き込みご飯と京芋の白煮弁当

1. 炊き込みご飯
2. かぼちゃと小豆のいとこ煮
3. 京芋の白煮
4. サバのカレームニエル
5. 大根、人参、薄焼き卵の柚子酢和え
6. 青菜のソテー
7. よもぎ麩田楽
8. かまぼこ

秋のお弁当 4

❶ 炊き込みご飯

材料

米
ゴボウ
マイタケ
ニンジン
油揚げ
ショウガ
調味料《酒、みりん、しょうゆ、塩》

作り方

1. 米はといでから、水切りしておく。
2. ゴボウはささがきにする。マイタケは食べやすい大きさに薄切り、ニンジンは細切り、ショウガ（適宜）はせん切り、油揚げは短冊切りにする。
3. 2の具材を合わせて、調味料に漬け込み、5分程度味をなじませる。
4. 炊飯器に米、調味料、分量の目盛りまでの水と具材を入れてふつうに炊く。

check ✓ 炊き上がりに、ゴマ油やバターを少し入れて風味づけをしてもよい。

❷ かぼちゃと小豆のいとこ煮

材料

カボチャ
アズキ
砂糖
しょうゆ
塩

作り方

1. アズキはやわらかく煮ておく。
2. カボチャは食べやすい大きさに切り、別の鍋で煮る。
3. カボチャがほぼやわらかくなったら、1のアズキ、砂糖、しょうゆ、塩を加えて少し煮る。

check ✓ アズキを茹でる途中で、水が減ったら差し水をする。素材の甘さを生かすように、調味料は控えめに。

❸ 京芋の白煮

材料

京イモ
ユズ皮
だし汁
酒
みりん
うす口しょうゆ

作り方

1. 京イモは皮をむき、ひと口大に切って、下茹でする。
2. 鍋に京イモがかぶる程度にだし汁を入れ、酒、みりん、うす口しょうゆを加えて煮る。
3. ユズ皮（適宜）をすりおろしたものをかける。

check ✓ 京イモは粘り気があり、肉質もしっかりしていて色も変化しないことから、煮物に向いている。

ツナと卵のそぼろ弁当

秋のお弁当 5

❶ ツナと卵のそぼろご飯
❷ 干しシイタケの含め煮
❸ レンコンのはさみ揚げ
4 ジャガイモの甘煮
5 守口漬け

❶ ツナと卵のそぼろご飯

材料

ご飯
ツナ缶
そぼろの合わせ調味料《酒、みりん、塩》
キュウリ
タマゴ
砂糖
塩

作り方

1. ツナ缶の油、汁は切っておく。キュウリはせん切りにする。
2. 小鍋にツナと塩、みりん、酒を入れ、ツナの水気がなくなり、ホロホロになるまで炒りつける。
3. タマゴに砂糖、塩を入れ溶きほぐす。
4. フライパン（鍋）にタマゴを注ぎ、箸４本（または泡立て器）を使いかき混ぜる。
5. 少しタマゴが固まり、そぼろ状になったら火からおろし、濡れぶきんの上でさらにかき混ぜる。甘さは好みで調節する。
6. ご飯の上に、キュウリ、炒りタマゴ、ツナそぼろを彩りよく並べる。

❷ 干しシイタケの含め煮

材料

干しシイタケ
調味料《砂糖、みりん、しょうゆ》
だし汁

作り方

1. 干しシイタケを洗い、水に漬けて一晩おく。
2. シイタケはうす切りにし、だし汁、調味料を入れ、強火にかけ、沸騰したらアクを取り、弱火にして煮る。

❸ レンコンのはさみ揚げ

材料

レンコン
エビ
タマネギ
片栗粉
サラダ油
塩
コショウ

作り方

1. レンコンは１センチの厚さに切る。
2. むきエビを包丁でたたき、すり身状にする。
3. ボウルにタマネギのみじん切りを入れ、片栗粉を加え、タマネギがサラサラになるように混ぜる。エビのすり身を加え、塩、コショウする。
4. レンコンの両面に片栗粉をまぶし、エビのすり身をはさみ、油で揚げる。
5. ホアジャオ塩か、ケチャップを添える。

check ✓ ホアジャオ（花椒）塩＝炒った塩と同量の花椒の粉末を混ぜたもの。揚げ物などにつけて食べる。

～お気に入りの道具たち～

キッチンで毎日活躍してくれる、お気に入りの道具たち。子どもたちや、知人にプレゼントしていただいたり、自分で買い求めた道具です。「今日もおいしい料理が作れるように」と願いつつ、感謝して使っています。頼もしい相棒たちです。

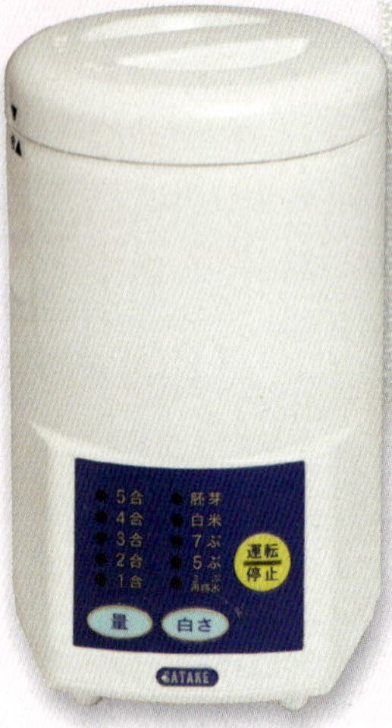

精米器

コンパクトで、少量でも精米できるので便利です。ヌカも出るので、コンポストに入れて菜園の肥料になります。夏はヌカ漬けに使ったりします。捨てるものがないのが、気持ちよいです。

パン焼き器

私の誕生日にいただいたパン焼き器です。ご飯を炊くのと同じくらいの手間で、自家製のパンが焼けます。

ライ麦や胚芽、レーズン、クルミ、ゴマ、きな粉、抹茶などいろんなパンを焼いて楽しんでいます。できたてのパンの香りは、家族を幸福感で満たしてくれます。

圧力鍋

母の日に、子どもたちから、二人用の小さな圧力鍋をプレゼントされました。時短料理に活躍して、省エネにも役立っています。

ワッフルメーカー

夫の好物なので、わが家では朝食に時々ワッフルを焼きます。

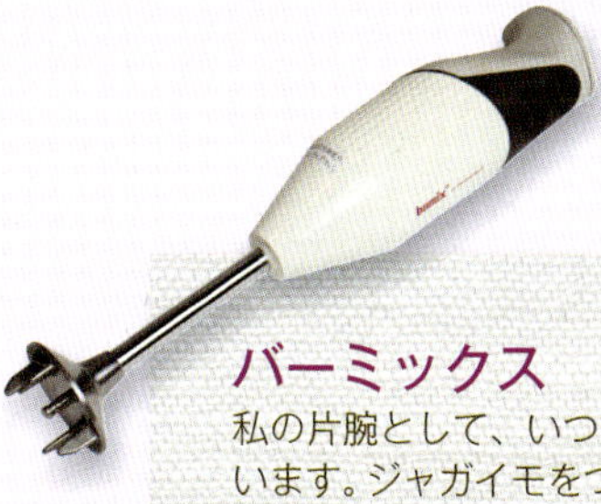

バーミックス

私の片腕として、いつも活躍しています。ジャガイモをつぶしたり、大豆バーグやイワシバーグ、ポタージュスープなどを作るときにとても便利です。

鍋の保温キャップ

これは手作りですが、煮物やカレー、野菜スープなどを作ってコンロからおろし、お鍋にかぶせておくと、保温調理になります。また冷めにくいので寒い季節には重宝します。

半坪菜園

今日も秋らしい爽やかな気持の良い日でした。

我が家にはキーウィーの木がありました。

20年くらい前に植えて、当初は200個以上の実をつけたこともありました。

けれども、ここ数年は全く実がつかず、木もボロボロに弱ってきました。

そこで、先日植木屋さんに頼んで、木を切ってもらいました。

実がつかなくても、キーウィーは葉を茂らせ、枝が広がっていきます。

その手入れだけでも大変なので、思い切って切ることにしました。

キーウィーの木がなくなったところを、今日お休みの夫が耕してコンポストの土を入れてくれました。

木を切った時から菜園にしようと話していて、お天気もいいので実行したのです。

とは言っても一坪にも満たない狭い菜園です。

日当たりもそれほど良くありませんが、夫は「できるかどうかわからないけど、大きいものの方が面白い」と、大根の種を蒔きました。

私は二十日大根、春菊、ルッコラの種を入れました。

この場所はネコの通り道で、日向ぼっこをしたりするので、ネコよけが沢山さしてあります。

ネコは耕した柔らかい土が好きなようで、そこを掘り返したり、トイレにしたりするのでかないません。

芽が出るのが、楽しみです。

❶庭の半坪菜園でとれた大根です。大根もさることながら、 この大きな大根葉が、ビタミン豊富で、とてもおいしいんです。

❷二十日大根（ラディッシュ）、春菊、ルッコラの種を植えた半坪菜園。
❸春菊と二十日大根が、小さいながらも収穫できました。

シメジと昆布の炊き込み弁当

1. シメジと昆布の炊き込みご飯
2. サバの漬け焼き
3. カリフラワーのカレーマリネ
4. 花豆
5. ホウレン草の胡麻和え
6. 大根なます

秋のお弁当 6

① シメジと昆布の炊き込みご飯

材料

米
コンブの佃煮
シメジ
酒

作り方

1. シメジは下の方を少し切り落とし、食べやすい大きさにしておく。コンブの佃煮は細切りにする。
2. 炊飯器に、といだ米、酒、分量の目盛りまで水を入れ、コンブの佃煮、シメジを入れて、普通に炊く。

② サバの漬け焼き

材料

サバの切り身
つけ汁《酒、みりん、しょうゆ》
ユズの輪切り（あれば）

作り方

1. しょうゆ、酒、みりん、あればユズの輪切りを入れた漬け汁にサバの切り身を入れ、30分以上おく。
2. 魚焼きグリルを熱し、1の汁気を切って皮目を下にして並べ、こんがりと焼き色をつける。裏返して中まで火を通す。

③ カリフラワーのカレーマリネ

材料

カリフラワー
カレードレッシング
《酢、カレー粉、塩、砂糖、サラダ油、白ワイン》

作り方

1. カリフラワーは小房に切り分け、酢少々（分量外）を加えた熱湯で固めに茹で、ざるに上げる。
2. カレードレッシングの材料をよく混ぜ、カリフラワーがまだ熱いうちに和え、味をなじませる。

レンコンのつくねとちらし寿司弁当

秋のお弁当 7

❶野菜ちらし寿司
❷レンコンのつくね
❸ナスの田楽
4 ちくわ、パプリカの焼きマリネ

❶ 野菜ちらし寿司

材料

酢飯（15 ページの①を参照）
ゴボウ、ニンジン、レンコン、
干しシイタケ、小松菜（茹でたもの）
錦糸卵
紅ショウガ
だし汁
砂糖、みりん、うす口しょうゆ、塩

作り方

1. ゴボウ、ニンジン、レンコン、戻した干しシイタケは、各々細かく切る。
2. 1 をだし汁で煮て、砂糖、みりん、うす口しょうゆ、塩で味つけする。
3. 酢飯に煮た野菜を混ぜ込み、錦糸卵、茹でたコマツナ、紅ショウガを彩りよく飾る。

❷ レンコンのつくね

材料

レンコン
タマネギ
シメジ
ショウガ
タマゴ
片栗粉
調味料《塩、コショウ》
サラダ油

作り方

1. レンコンは、すりおろす。
2. タマネギ、シメジはみじん切りにし、ショウガはすりおろす。
3. 1 と 2 を合わせ、タマゴ、片栗粉、塩、コショウを加え、粘りがでるまで混ぜる。
4. 3 を小判型に丸める。
5. フライパンに油をひき、4 をゆっくり、こんがり焼く。

❸ ナスの田楽

材料

ナス
赤みそ
酒
砂糖
サラダ油

作り方

1. ナスの田楽に使う“ナス”は、米ナスでもふつうのナスでもよい。
2. 3～4 センチの輪切りにする。
3. フライパンに油を多めに入れて焼く。
4. 砂糖と酒でのばしてやわらかくした練りみそをぬる。仕上げにケシの実やゴマなどをふってもよい。

Point

レンコンはシャキシャキ感がおいしいが、すりおろしたり、フードプロセッサーでつぶして料理すると、もちもちした触感になり、また違った味わいが楽しめる。エビや魚のすり身、はんぺんを入れてもよい。油で揚げて、甘酢あんかけにしてもおいしい。

精進チャーハン弁当

秋のお弁当 8

❶ 精進チャーハン
❷ ホタテのソテーマリネ
❸ 小松菜のゴマ和え
4 黒豆の煮物
5 ミョウガの甘酢漬け
6 かまぼこ

❶ 精進チャーハン

材料

ご飯
レンコン
生シイタケ
ショウガ
油揚げ
塩
しょうゆ、酒
ミツバ
サラダ油

作り方

1. レンコン、生シイタケ、ショウガ、油揚げはそれぞれにみじん切りする。
2. フライパンに油を入れ、1 をよく炒める。
3. 2 に酒、塩、しょうゆを入れ味つけする。
4. ご飯を入れて炒め合わせる。
5. 最後にミツバを入れる。

❷ ホタテのソテーマリネ

材料

ホタテ（生食用・冷凍どちらでもよい）
塩、コショウ
サラダ油
オリーブオイル
バルサミコ酢

作り方

1. フライパンに油を熱し、ホタテを焼く。
2. 1 に塩、コショウをして、最後にオリーブオイルとバルサミコ酢をかける。

❸ 小松菜のゴマ和え

材料

コマツナ
和え衣《ねりゴマ、砂糖、塩、しょうゆ》
切りゴマ

作り方

1. コマツナは、よく洗い茹でる。
2. 3 センチに切り、和え衣で和え、切りゴマをふる。

イワシ豆腐バーガー

❶イワシ豆腐バーグ
❷ホウレン草入りオムレツ
❸細切り野菜の香草マリネ

秋のお弁当 9

① イワシ豆腐バーグ

材料

イワシ（すり身）
豆腐（木綿）
ショウガ
シイタケ
ゴボウ
タマネギ
ニンジン
タマゴ
片栗粉（または小麦粉）、塩、コショウ
サラダ油

作り方

1. イワシはすり身を用意し、豆腐はしっかり水気を切る。シイタケ、ゴボウ、タマネギ、ニンジンはみじん切りにする。ショウガはすりおろす。
2. 1 をボウルに入れ、片栗粉または小麦粉とタマゴを加え、粘りが出るまで混ぜる。
3. 2 に塩、コショウを加えさらに混ぜ、小判型に丸める。
4. フライパンに油をひいて、焼く。

② ホウレン草入りオムレツ

材料

ホウレンソウ
タマネギ
タマゴ
サラダ油
塩

作り方

1. ホウレンソウは軽く茹でて、食べやすい長さに切る。タマネギは薄切りにする。
2. タマゴに塩を入れ、よく混ぜておく。
3. 温めたフライパンに油を入れ、タマネギを炒め、ホウレンソウを加える。
4. 3 にタマゴを流し込みふんわりと焼きながら、形をととのえる。

③ 細切り野菜の香草マリネ

材料

大根
ピーマン
パプリカ
タマネギ
マリネ液《酢、砂糖、塩、コショウ、好みのハーブ》
オリーブオイル

作り方

1. 大根、ピーマン、パプリカ、タマネギは細切りにする。
2. マリネ液に 1 の具材を漬け込む。

いなり寿司と海苔巻き弁当

1 いなり寿司（31ページの②を参照）
2 海苔巻き（59 ページの①を参照）
❸ ワカサギのエスカベーシュ
❹ 京芋の西京味噌煮
❺ ナスの揚げ浸し

秋のお弁当 10

③ ワカサギのエスカベーシュ

材料

ワカサギ
タマネギ
セロリ
レンコン
ニンジン
タカノツメ
小麦粉
サラダ油
酢
塩
コショウ
揚げ油

作り方

1. ワカサギに塩、コショウをふり、小麦粉を軽くつけて揚げておく。
2. タカノツメは輪切り、タマネギ、セロリ、ニンジンは細切り、レンコンはうす切りにする。
3. フライパンに油を入れ、タカノツメ、レンコン、タマネギ、ニンジン、セロリの順に炒める。
4. 野菜類がしんなりしたら、酢をなじませる。
5. 1のワカサギに4を熱いままかけ、一晩漬け込む。

④ 京芋の西京味噌煮

材料

京イモ
煮汁《だし汁、酒、みりん、西京みそ》

作り方

1. 京イモは厚めの輪切りにして、皮をむき、米のとぎ汁で竹串が通る程度に茹でて、水洗いしてぬめりを取る。
2. 小鍋にだし汁、西京みそ、みりん、酒を入れ、京イモを入れ、味がしみるように弱火で煮る。

check サンショウ（山椒）やユズの皮を添えるのもおすすめ。

⑤ ナスの揚げ浸し

材料

ナス
だし汁
しょうゆ
酒
みりん
揚げ油

作り方

1. ナスは半分に切り、たてに数本切り込みを入れ、中温の油で揚げる。
2. だし汁、しょうゆ、みりん、酒を加え、混ぜ合わせる。
3. 揚げたナスを2に漬け込む。

check ピリ辛に仕上げたい時は、赤トウガラシを加えてもよい。

秋のコラム

グリーントマトのチャツネ

菜園でとれたグリーントマトで、チャツネを作りました。作り方はいたって簡単。トマトを薄く刻んで、みじん切りのタマネギ４分の１個と一緒に、塩少々で30分くらい弱火で煮ます。トマトがトロトロになったら、酢、砂糖、シナモン、クローブ、ローリエ（月桂樹の葉）、粒コショウなどを入れて、10分から15分、もったりしたら出来上がり。

あんな未熟なトマトで、何かできるのかしらと思いましたが、意外にそれなりのものができました。大きなジャムの瓶に、一杯になりました。サンドイッチの具にしたり、カレーにも使えそうです。

ドレッシング

毎朝のサラダのドレッシングは、手作りしています。

リンゴ酢、黒酢、しょうゆ、みりん、サラダ油、コショウ、タマネギのすりおろし。これらを酢３、しょうゆ、みりん各１、サラダ油、２分の１の割合で作ります。油はごく少なめです。

雑誌にあったしょうゆドレッシングというのも、時々作ります。豆腐サラダや、魚のつみれなどのたれにもよいと書いてありました。

青ネギ（太くてあまり使えないところ）小口切り、ショウガ、にんにくの千切りを、サラダ油でさっと炒め、しょうゆ100ccを入れて煮立たせ、砂糖20グラムを煮溶かして、一晩置く。

翌日、漉《こ》して、酢50cc、サラダ油25ccを加える。一か月はもつそうです。

キノコペースト

夕食の準備のかたわら、キノコペーストを作りました。

先日来キノコが沢山あり、今週は舞茸とシメジを注文してありましたが、野菜セットの中にエリンギもありました。

そこで、雑誌（『ビオ』）で見たキノコの保存食を作ってみました。簡単ですが、応用範囲が広そうな味にできました。

フライパンにオリーブオイルとつぶしたにんにくを入れ、香りが出るまで焼きます。

その中に、キノコ三種類を適当な大きさに切って炒めます。

このときあれば、ローリエを入れます。

火が通ったら塩、コショウして火を止めます。

冷めたら、ローリエを除いて、ミキサーかフードプロセッサーで、ペースト状にします。

保存容器に入れて、上からオリーブオイルを注ぎ、ローリエをのせます。

オープンサンドやサンドイッチの具、野菜のソース、パスタソースにもできそうです。

キノコとにんにく、オリーブオイルだけですが、複雑な味に仕上がりました。

私の日常から　山荘での生活

休日には時々、山梨県の八ヶ岳南麓にある山荘に行きます。生長の家本部のオフィスは、2013年春にはやはりこの地に移転するので、将来はここが私たちの新しい住まいになります。都会にはない四季の自然の中で、読書や料理やエッセイの執筆、庭仕事、そして森の散策など、短いながらも充実した時間を過ごします。
ここでの景色を毎日見ながら暮らすようになると、私の人生観も変わるのかも知れないと思います。

冬の恵み

冬のエッセイ1

青山のファーマーズ・マーケット

青山に買い物に行きましたが、ついでに思い立ち、国連大学の前の広場で行われている、ファーマーズ・マーケットに寄ってみました。

随分、久しぶりです。

週末だけの市場で、週末出かける事の多い私は、あまり来る機会がありません。

以前に来た時より、参加している農家が増えたようでした。

花屋さんも何軒かあり、早やカラフルな春の花を並べて、会場が華やかになっていました。

ほんの少しのぞいてみようと寄ったのですが、マーケットというのは楽しくて、ついついゆっくり見てしまいました。

変った種類の野菜も沢山並んでいました。

紫の大根や赤い大根、黄色や紫のジャガイモ、黄色い人参、そういうのを見ると買ってお料理したくなりますが、家には、人参も大根もジャガイモもあるので、我慢しました。

お花は一束400円、三束で千円でした。

オレンジと赤の混じったチューリップと白いバラ、薄紫のクリスマスローズを買いました。

野菜は、青物がなかったので無農薬のホウレンソウ200円を買っただけで、見る楽しみを味わって帰ってきました。

夜は子どもたちが来て、夕食を一緒にいただきました。

帰るとき外に出て、雨の匂いがするといっていました。

1～3自宅からほど近いところで開かれる、青山のファーマーズ・マーケットにて。みんな生産者の持ち込みです。新鮮な野菜を、お店の人と成育状況など話しながら買うのは、とても珍しい経験で、都会の人にとってはうれしいマーケットなのではと思いました。

4ファーマーズ・マーケットで買った野菜で、キッシュを作りました。

イワシの酢魚風弁当

冬のお弁当 1

1. イワシの酢魚風
2. レンコン、里芋、厚揚げ、昆布の煮物
3. 人参のたらこ炒り

❶ イワシの酢魚風

材料

イワシ（三枚おろし）
ニンジン、タマネギ、インゲン、パプリカ
干しシイタケ、ギンナン、ショウガ
小麦粉、片栗粉
調味料《水、砂糖、酒、酢、しょうゆ、塩、ケチャップ》
コショウ
サラダ油
ゴマ油

作り方

1. ショウガはせん切りにする。
2. イワシはひと口大に切り、塩、コショウをし、片栗粉をまぶし、油で揚げる。
3. ニンジン、タマネギ、インゲン、パプリカを食べやすい大きさに切る。干しシイタケは水に戻し、水気をしぼり食べやすい大きさに切る。
4. ギンナンは殻をむき、茹でて薄皮もむいておく。ニンジン、インゲンも茹でておく。
5. 調味料を合わせ、甘酢を作る。
6. 油を熱し、タマネギ、シイタケを炒める。他の野菜、イワシを入れ、甘酢を加え煮立たせる。弱火にして水溶き片栗粉を加え、とろみをつけ、ゴマ油をかける。

check 酢豚の魚版を、私は「酢魚」と呼んでいます。

❷ レンコン、里芋、厚揚げ、昆布の煮物

材料

レンコン
サトイモ
厚揚げ
コンブ
煮汁《だし汁、砂糖、酒、みりん、しょうゆ》

作り方

1. レンコンは、輪切りにする。サトイモは洗い、皮をむいてぬめりを洗い流し、下茹でする。サトイモ、厚揚げは食べやすい大きさに切る。
2. 鍋に煮汁とコンブ、レンコン、サトイモ、厚揚げを入れ、火にかけ煮込む。

❸ 人参のたらこ炒り

材料

ニンジン
タラコ
酒
サラダ油

作り方

1. ニンジンを千切りにして、油で炒める。
2. しんなりとしてきたら、ほぐしたタラコを加え、酒をふり入れて強火で炒り混ぜる。

根菜のちらし寿司弁当

❶根菜のちらし寿司
❷さんまのすり身餃子
❸大豆と昆布の煮物

冬のお弁当 2

① 根菜のちらし寿司

材料

酢飯（15ページの①を参照）
干しシイタケ
レンコン
ゴボウ
ニンジン
コマツナ
タマゴ
紅ショウガ
煮汁《だし汁、砂糖、酒、みりん、しょうゆ》

作り方

1. 干しシイタケは水に戻したあと、含め煮（77ページの②を参照）を作り刻んでおく。
2. 酢レンコン（73ページの②を参照）は、酢飯に混ぜ込む分はみじん切り、トッピング用は食べやすい大きさに切る。
3. ゴボウ、ニンジンは細切りにし、だし汁、砂糖、酒、みりん、しょうゆで煮る。
4. タマゴは薄焼きタマゴを作り、細く切る。
5. コマツナはさっと茹で、食べやすい大きさに切る。
6. 酢飯に、シイタケの含め煮、ゴボウ、ニンジンを混ぜ込む。
7. 盛りつけたあと、紅ショウガ、薄焼きタマゴ、酢レンコン、コマツナを飾る。

② さんまのすり身餃子

材料

サンマ（すり身）
ニラ
ネギ
ショウガ
餃子の皮
溶きタマゴ
しょうゆ
塩、コショウ
酒
ゴマ油
サラダ油

作り方

1. ネギ、ショウガはみじん切り、ニラは細切りにして、サンマのすり身と合わせる。
2. 1にほぐしたタマゴ、しょうゆ、塩、コショウ、酒、ゴマ油を入れて、全体をよく混ぜ、皮に包む。
3. フライパンで蒸し焼きする。

③ 大豆と昆布の煮物

材料

ダイズ（水煮）
だし取り後のコンブ
酒
みりん
しょうゆ

作り方

1. 水煮ダイズの汁で、ダイズとコンブを煮て、酒、みりん、しょうゆを加え、味を含ませる。

イワシバーグの野菜ソテー弁当

冬のお弁当 3

1. イワシバーグの野菜ソテー
2. 大根の赤味噌かけ
3. 卵焼き
4. ひじきと大豆の煮物
5. ネギ入りさつま揚げ
6. 赤カブの千枚漬け
7. 大根の粕漬け

① イワシバーグの野菜ソテー

材料

イワシ（すり身）
ショウガ
タマネギ
ニンジン
ゴボウ
タマゴ（溶きタマゴ）
パン粉
塩
コショウ
トマトケチャップ
ウスターソース
サラダ油

作り方

1. ショウガ、タマネギ、ニンジン、ゴボウは各々みじん切りにする。（タマネギ、ニンジンは炒め用に別にとっておく）
2. 油で1を炒める。
3. イワシのすり身に2を加え、塩、コショウ、溶きタマゴ、パン粉を入れ、よく混ぜる。
4. 小判型に丸め、フライパンに油をひいて焼く。
5. フライパンに油を足し、薄切りのタマネギ、ニンジンを炒め、4のイワシバーグを入れ、トマトケチャップ、ウスターソースで味つけする。

② 大根の赤味噌かけ

材料

大根
コンブ
粉サンショウ（適宜）
田楽みそ《赤みそ・砂糖・酒》

作り方

1. 大根は皮をむき食べやすい大きさに切り、コンブと水で煮る。
2. 赤みそ、砂糖、酒を鍋に入れて田楽みそを作る。
3. 大根に田楽みそをかける。

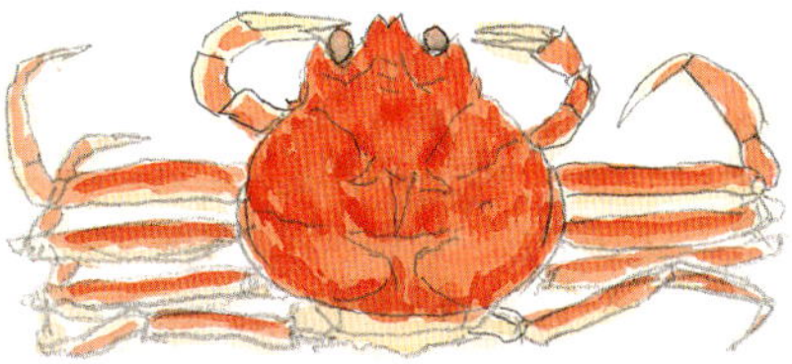

エビとホタテのカレーピラフ弁当

冬のお弁当 4

1. エビとホタテのカレーピラフ
2. 大根と油揚げのべっこう煮
3. 酢レンコン
4. 赤カブの酢漬け

① エビとホタテのカレーピラフ

材料

ご飯
タマネギ
エビ
ホタテ
青物（コマツナ、ホウレンソウ、ナバナなど）
サラダ油
塩
トマトケチャップ
白ワイン
カレー粉

作り方

1. タマネギはみじん切り、エビとホタテは食べやすい大きさにする。
2. フライパンに油を熱し、タマネギ、エビ、ホタテの順に炒め、カレー粉、塩、トマトケチャップ、白ワインで味つけする。
3. 2にご飯を入れてよく炒め、最後に青物を散らす。

② 大根と油揚げのべっこう煮（圧力鍋で）

材料

大根
油揚げ
煮汁《だし汁、酒、みりん、しょうゆ》

作り方

1. 大根は皮をむき、イチョウ切りにする。
2. 油揚げは熱湯をかけ油抜きしたあと、適当な大きさに切る。
3. 圧力鍋にだし汁、酒、みりん、しょうゆを入れ、大根と油揚げを入れ、ふたをして強火にかける。
4. 圧力がかかってきたら、火を弱めて5分加圧し、火を止める。

③ 酢レンコン

材料

レンコン
合わせ酢《だし（または水）、砂糖、酢》
赤トウガラシ（好みで）

作り方

1. レンコンは、3～4ミリほどの厚さに切り、薄い酢水にさらす。
2. 赤トウガラシは種を取って小口切りにする。
3. 合わせ酢をひと煮立ちさせて、レンコンを入れ、手早く煮る。

シジミと大根葉とじゃこのおむすび弁当

1 シジミのおむすび
2 大根葉とじゃこのおむすび
3 小松菜の胡麻酢和え
4 ニンジン・ジャガイモ・パプリカ・タマネギのソテー
5 さわらの塩焼き
6 桜エビ入り卵焼き
7 トラ豆の甘煮

冬のお弁当 5

① シジミのおむすび

材料

米
シジミ（むき身）
ショウガ
酒
みりん
しょうゆ

作り方

1. 米はといで、ざるに上げておく。
2. シジミはぬるま湯で洗い水気を切る。
3. ショウガは皮をむき、みじん切りにする。
4. 炊飯器に米、シジミ、ショウガ、酒 、みりん 、しょうゆ、水を加えて水加減を調整し、炊飯する。
5. 蒸らしたあと、おむすびにする。

check 好みでミツバを混ぜてもよい。

② 大根葉とじゃこのおむすび

材料

ご飯
ジャコ（チリメン）
大根葉（茹でたもの）
カツオブシ（だしを取ったあとのもの）
酒、みりん、しょうゆ
ゴマ

作り方

1. 大根葉とジャコ、細かく切ったカツオブシを小鍋に入れ、酒、みりん、しょうゆで、水気がなくなるまで炒りつける。最後に切りゴマを加える。
2. ご飯に混ぜ込みおむすびにする。

③ 小松菜の胡麻酢和え

材料

コマツナ
すりごま（またはゴマペースト）
砂糖
酢
しょうゆ

作り方

1. コマツナは塩少々を入れたたっぷりの湯でサッと茹で、冷水にさらして水気をしぼり、3センチほどの長さに切る。
2. すりゴマ、他の調味料を合わせてコマツナを和える。

ジャムづくりの
楽しみ 2

ローゼルジャム

先日沖縄に行ったとき、宮古島の信徒の方から、ローゼルという植物の花束をいただきました。

この方は、宮古島に広いハーブ園を持っておられ、沢山のハーブを育てていらっしゃるそうです。

このローゼルは、花弁をジャムにしたり、乾燥させてハーブティーとしても楽しめるそうです。

大きな花束を持って帰り、花だけ取って乾燥させ、花瓶にも入れました。今日はようやく時間ができたので、ジャムを作って、ハーブティーもいただきました。

ジャムの作り方のメモもくださいました。リンゴを入れるのだそうで、ちょうど調理に向くグラニースミスという、酸っぱいリンゴがあったので、半分を薄切りにして、ローゼルの花弁と水少々、きび糖を総量の半量入れて、ゆっくり煮ました。深紅の綺麗なジャムができました。

ローゼルは、アントシアニンをはじめ、マグネシウム、カルシウム、ビタミンC、リン、カリウムなど多くの成分があります。

リンゴとお砂糖を入れて作りましたが、カシスのジャムと似たような味と色になります。

甘さよりも酸味があるので、夫も好んでいただきます。

お茶もとてもきれいな色で、くせのないやわらかな味わいでした。

ジャムを作っているときは、家じゅうに甘酸っぱいにおいがして、幸せな時間を過ごすことができました。ローゼルをわざわざ届けてくださって、ありがとうございました。

❶ローゼルは、すぐにはジャムにせず、サンルームにひとときに飾って、楽しみました。
❷まず、花弁を摘みます。リンゴは、グラニースミスという品種です。調理に向く酸味のあるリンゴです。
❸ローゼルとリンゴ、きび糖を入れてゆっくり煮ていきます。
❹甘酸っぱいにおいが家中に立ちこめます。
❺ローゼルの深紅の綺麗なジャムができました。
❻乾燥した花弁からは、色、香り、味ともにおいしいハーブティーができます。

クッキングレッスン

英語の教室がありましたが、今日の話題はイングランドの学校では2011年から、11歳から14歳の生徒を対象に料理の授業を必修にすることについてでした。

その理由は、両親が共働きで、栄養的にバランスのとれた食事がとりにくい環境の子どもが多く、子どもの肥満が大きな問題になっているからです。

クッキングの授業で、健康的で栄養的に優れている料理を手軽にできるようなレッスンをし、生徒に料理に対する興味を持たせ、また野菜や食品に対する知識も養うことが目的だとのこと。

料理はこれまで、オールドファッションで（古臭くて）意味のないものと思われていて、学校の授業に料理の時間はなかったそうです。

私たちは小学校の時から、男女ともに料理実習がありました。

今も色々な形で、料理の授業はあると思います。

英語の先生はカナダ人ですが、カナダでもクッキングの授業はなかったそうです。

日本では小学生のころからお料理の実習がありますが、とても良いことだと思いました。

それが世界では珍しいことであると、初めて知りました。

❶私の献立ノート。今は『日時計日記』(生長の家刊) に引き継がれています。栄養バランスを考え、毎日使った食材を書き、現在の私のレパートリーを作っていった記録です。

❷渋谷のお店でお弁当用品が、沢山並べられていました。今は、お弁当を作る人が増えたそうです。私が若いころは「男子弁当」なんて言葉は、聞いたことがありませんでしたが、今ではそれが特別ではなくなっているようです。

鮭そぼろ弁当

冬のお弁当 6

1 鮭そぼろご飯
2 タコと大根の煮物
3 ちくわと厚揚げの味噌焼き
4 大根と人参のなます
5 ブロッコリーの塩茹で
6 紅ショウガ

① 鮭そぼろご飯

材料

ご飯
鮭（甘塩）
酒
タマゴ
塩
サラダ油

作り方

1. 鮭を焼いて、骨を取りながらほぐす。
2. 小鍋に 1 の鮭と酒を入れ、炒りつけて、そぼろにする。
3. 薄焼きタマゴを作る。
4. ご飯の上に、まんべんなく鮭そぼろをのせて、その上に、3 の薄焼きタマゴを飾る。

② タコと大根の煮物

材料

茹でタコ
大根
ショウガ
だし汁
砂糖
酒
みりん
しょうゆ

作り方

1. 大根は皮をむき、2 ～ 3cm 幅のイチョウ切りにして、かぶるくらいの水、またはコメのとぎ汁で下茹でする。
2. ショウガは、せん切りにする。
3. タコは、食べやすい大きさに切っておく。
4. 鍋にだし汁を入れ、煮立ったところで 1、2、3 を入れ、砂糖、酒、みりん、しょうゆを加え、中火から弱火で 15 分から 20 分煮る。

③ ちくわと厚揚げの味噌焼き

材料

チクワ
厚揚げ
みそ
酒
サラダ油

作り方

1. フライパンに油をうすくひき、チクワ、厚揚げを焼く。
2. みそを酒で溶いて 1 にからめる。

ピタパンサンド

1. ピタパンサンド
2. キュウリのピクルス
3. キャベツのザワークラウト（市販品）

冬のお弁当 7

① ピタパンサンド

材料

ピタパン
グリーントマトのチャツネ
エビ
ジャガイモ
タマネギ
レタス
茹でタマゴ
マヨネーズ
マスタード

作り方

1. グリーントマトのチャツネ（92ページ参照）を用意する。
2. エビはさっと茹でる。
3. ジャガイモはうすい輪切りにして茹でる。
4. タマネギはスライスして水にさらす。
5. マスタード、マヨネーズをピタパンにぬり、レタス、茹でタマゴ、その他の具材をはさむ。

check チャツネは、ピタパンなどの具材やカレーのつけ合わせに最高。

② キュウリのピクルス

材料

キュウリ
ニンニク
水
砂糖
酢
塩
黒コショウ
ローリエ

作り方

1. 水、砂糖、酢、塩、黒コショウ、ローリエ、ニンニクを入れて、ひと煮立ちさせ、冷ます。
2. キュウリは好みの大きさに切るか、小さいものはそのままでさっと茹でる。
3. ビンにキュウリを入れ、冷めた1を注ぐ。

Point ピタパン

ピタパンは、最近では一般に売られているのでご存じと思いますが、丸いパンを半分に切って、真中に切り込みを入れ、好みの具をはさみます。中近東のパンです。

黒米入りいなり寿司弁当

冬のお弁当 8

❶黒米入りいなり寿司
❷こんにゃくの田楽
❸人参とゴボウのきんぴら
4 メダイの味噌漬け

❶ 黒米入りいなり寿司

材料

黒米ご飯（29ページの①を参照）
すし酢（15ページの①を参照）
油揚げ（31ページの②を参照）
煮汁（31ページの②を参照）

作り方

1. 黒米ご飯にすし酢を混ぜ、黒米酢飯にする。
2. 油揚げを煮る。
3. 酢飯をつめやすい大きさに一握りして、揚げにつめる。

check ✓ 干しシイタケ、ニンジン、レンコンを細かく刻んだもので具を作り混ぜてもよい。いなりの揚げは前日に炊いておいて、当日はすし飯を仕込むだけだと簡単。

❷ こんにゃくの田楽

材料

コンニャク
コンブ
田楽みそ《赤みそ、砂糖、酒》
青のり、七味唐辛子、ごま

作り方

1. コンニャクは食べやすい大きさに切り、コンブを入れた湯で煮て、ざるに上げ湯切りする。
2. みそ、酒、砂糖を鍋に入れ、弱火で練り合わせ田楽みそを作る。
3. オーブンか、グリルで田楽みそをのせたコンニャクを焼く。
4. 青のり、七味唐辛子、ゴマなどで彩りを添える。

❸ 人参とゴボウのきんぴら

材料

ゴボウ
ニンジン
酒
みりん
しょうゆ
サラダ油

作り方

1. ゴボウはタワシで洗い、太めのささがきにする。
2. ニンジンも同様に切る。
3. 鍋に油を熱し、ゴボウ、ニンジンを炒める。火が通ったら、酒、みりん、しょうゆを入れ、水気がなくなるまで炒める。

Point 田楽みそ

田楽みそは電子レンジを使って作ると便利。茹で野菜などに田楽みそをかけてもおいしい。

大豆ご飯と菜の花の磯辺巻き弁当

1. 大豆ご飯
2. 菜の花の磯辺巻き
3. 里芋と昆布の煮物
4. 海老フライ
5. さつまいもの素揚げ
6. おび天（宮崎の柔らかいさつま揚げ）
7. にんにくの葉入り卵焼き
8. 大根と人参の酢の物

冬のお弁当 9

① 大豆ご飯

材料

米
炒り大豆（節分の豆の残りを利用して）
酒
塩

作り方

1.米は炊く30分前に洗って水切りをする。
2.米、酒、塩、水を入れて炒り大豆を全体に散らし入れ、ふつうに炊く。
3.炊き上がったら、全体を混ぜ合わせる。

② 菜の花の磯辺巻き

材料

ナノハナ
焼き海苔（8枚切り）
しょうゆ

作り方

1.熱湯にナノハナを入れて茹でる。水に取り、粗熱がとれたら水気を切り、しょうゆをかけて軽くしぼる。
2.ナノハナを海苔の幅に合わせて切り、海苔で巻く。
3. 2等分する。

③ 里芋と昆布の煮物

材料

里芋
コンブ（早煮コンブ）
みりん
塩
しょうゆ

作り方

1.里芋はよく洗い、皮をむいて一口大の大きさに切る。水で洗いぬめりを取る。
2.早煮コンブを幅3センチに切り、1の里芋とともに鍋に入れ、ひたひたの水を加えて強火にかける。煮立ったら弱火で7分ほど煮る。
3.みりん、しょうゆ、塩を加え、煮含める。

タラのそぼろご飯と エビクリームコロッケ弁当

1 タラのそぼろご飯
（A タラのそぼろ B 炒り卵 C 小松菜と人参のナムル）のせ
2 エビクリームコロッケ
3 れんこん、タケノコ、人参のきんぴら
4 京芋と昆布の煮物
5 黒豆

冬のお弁当 10

① A タラのそぼろ

材料

タラ（生）
砂糖、酒 、塩、みりん

作り方

1.タラに酒と塩をかけ、電子レンジで2分加熱する。
2.1の身をほぐし、砂糖、酒、みりん、塩を入れ鍋で炒りつける。

check フードプロセッサーやバーミックスで、そぼろを作ると簡単。Bの炒りタマゴの作り方は、77ページの「①ツナと卵のそぼろご飯」を参照。

① C 小松菜と人参のナムル

材料

コマツナ
ニンジン
塩
コショウ
ゴマ油

作り方

1.ニンジンはせん切りにする。コマツナは根元を切り、よく洗う。
2.塩少々を入れた熱湯で、ニンジン、コマツナをそれぞれ茹で、粗熱をとる。
3.それぞれの水気をよく切り、塩、コショウ、ゴマ油で、和える。

② エビクリームコロッケ

材料

エビ
タマネギ
白ワイン
酒
塩
コショウ
ホワイトソース《小麦粉 、白ワイン、牛乳 、バター 》
衣《小麦粉、タマゴ、パン粉 》
サラダ油

作り方

1.エビはひと口大に切り、塩、コショウ、白ワインをふりかけ、ふたをして蒸し焼きにする。
2.鍋にバターを溶かし、タマネギのみじん切りを炒め、しんなりしたら、小麦粉を入れる。ダマができないようによく炒め、サラサラにする。そこに冷たい牛乳を一気に入れ、よく混ぜる。全体にとろみが出て、なめらかになったら、固さを見て、エビの煮汁を加える。
3.エビを加え冷ます。
4.冷めたら俵型に丸める。
5.小麦粉、タマゴ、パン粉の順に衣をつけ、油で揚げる。

check 丸める時に手に油をつけるとよい。ニンジン、マッシュルームを加えてもおいしい。

冬のコラム

野菜シチューのおいしい変身

今日の朝食は、フレンチトーストと野菜のポタージュにしました。といっても、朝からポタージュを作ったのではなく、野菜のシチューをたくさん作って、その展開料理です。

料理研究家の辰巳芳子さんは、一つのお料理から、何通りにも変身させるのを展開料理と言われるので、その表現を使わせていただきました。この言葉は残りものというより、先を考えての創造性が感じられます。

野菜シチュー、私が作ったのは、タマネギとニンニクを菜種油でいためて、そこに人参、キャベツ、ブロッコリーの芯、ジャガイモ、マッシュルームを入れて、ローリエ、タイム、トマトペースト、だし汁を入れて煮ました。塩、コショーで味を調えました。

ここに魚介を入れると、シーフードシチューになります。

今回は、野菜シチューでまずいただき、今朝バーミックスでポタージュにして、生クリームを少し入れました。

複雑な味の、おいしい野菜のポタージュができました。

アツアツのかぶら蒸し

私の作るかぶら蒸しは、懐石風の上等なものではなく、お惣菜風の簡単なかぶら蒸しです。

手軽にできて、上等そうに見えるので、お試しください。

今日はサワラのかぶら蒸しを作りました。

さわら半切れに塩と酒少々で下味をつける。

蕪《かぶら》は皮つきのまま、下ろす。ここで、卵白を泡立てるのが普通ですが、全卵を割りほぐして、下ろしたかぶらと合わせます。二人分で卵一個です。

よく混ぜ合わせたら、塩、薄口しょうゆ、酒、みりん、すべて少々で味をつけて、ユリ根、銀杏、生シイタケを混ぜ合わせます。蓋つきの器に、サワラを入れて、上から具入りかぶらをかけます。

蒸し器で、強火で 14 ～ 15 分蒸します。別にそばつゆくらいの汁を作り、片栗粉でとろみをつけて、あんを作ります。蒸しあがった上に、あんをとろりとかけ、好みで、ショウガのすりおろしか、わさびをのせます。

おすすめします

この本は男性諸氏、特に既婚の諸君に読んでほしい……というのが私の密かな希望である。もちろん、主婦業をヤル気満々でいる女性にこの本は向かないというのではない。そういう女性には、私があえてここで何かを言うまでもなく、本書の価値は自明と思う。しかし男性の中には、「食べるのは二の次」と考えている人が多いのではないか。そんな男性諸氏には、本書を通して「食事」がもつ重みにぜひ気づいていただきたいのだ。

私はかつて「食事はエネルギー補給のため」ぐらいにしか考えていなかった。当時は新聞記者をしていて、若さに任せて仕事をし、使った分のエネルギーの補給だというので、脂っこいもの、味の濃いもの、腹応えのあるものを、あまり嚙まずにぐんぐん食べるのがいいと思って、実際にそうした。おかげで健康診断では血液ドロドロの「高脂血症」とのお墨付きをいただいた。妻はそれを知って、メニューの変更を開始したのだ。一気に変えたのではなく、徐々に、科学的に、忍耐強く続けてくれた。そのおかげで私の血液ドロドロはなくなり、体重も減って肥満度はゼロとなった。痩せてしまったのではなく、適切な体重をコンスタントに維持し、還暦になっても「懸垂二十回」「腕立て伏せ四十回」の体力を保っている。

すべてが妻の料理のおかげとは言わないが、食材となる植物の名前や香り、その豊富なバリエーション、素材の味と季節感を生かした日本料理の旨さを知ったのは、妻のこだわりと愛情のおかげであることは間違いない。夜更けてから、牛丼屋のカウンターで紅ショウガを山盛りにした夜食をかき込んでいた時代とは、大違いである。今では定時の食事を、テレビや新聞のない食卓で、よく味わっていただくことが２人のモットーである。食事を通して、夫婦の愛情は２倍にも３倍にも深まるものだ。

そんな食事を生み出してきた同じ場所から、本書にある弁当の数々も作られた。それが一覧できる状態になると、私は自慢したい気持になる一方で、自分の昼食風景を天下にさらけ出しているようで、気恥ずかしい。私は料理をほとんどしないので、このような数々がどうやって生み出されるのかは説明できない。ただ、フードマイレージを考えて季節の食材を使い、手づくりにこだわった上で、これだけのものをいただけるのだから、「妻は良い魔法使いだ」と考えて納得し、感謝している。私の食事を写真に撮ってフェイスブックに掲示すると、ブラジルやイギリスの読者から「お前は幸運な男だ！」とコメントされる。たぶん、そうなのである。

最後に、女性諸氏にひと言——恋人や夫をこのように手なずけることができれば、あなたは人生の勝利者です。彼は一生、あなたを放さないでしょう。これを生長の家式に言い直せば、「与えるものは与えられる」ということです。

2012年2月4日

谷口　雅宣（生長の家総裁）

料理索引（材料別）

ご飯もの

●寿司

スモークサーモンのちらし寿司 …… 15
茶巾寿司・いなり寿司 …… 31
具沢山のちらし寿司 …… 45
海苔巻き …… 59
野菜ちらし寿司 …… 85
根菜のちらし寿司 …… 101
黒米入りいなり寿司 …… 117

●おむすび

三色おむすび（おぼろ昆布、梅干し、ゴマ） …… 61
シジミのおむすび …… 107
大根葉とじゃこのおむすび …… 107

●炊き込みご飯

タケノコご飯 …… 11
炊き込み鮭おこわ …… 23
黒米入りご飯 …… 29
小豆入り栗おこわ …… 69
炊き込みご飯（ゴボウ、マイタケ、ニンジン） …… 75
シメジと昆布の炊き込みご飯 …… 83
大豆ご飯 …… 119

●チャーハン

カニチャーハン …… 55
野菜のツナチャーハン …… 73
精進チャーハン …… 87

●ピラフ

エビ、イカ入りカレーピラフ …… 25
エビとホタテのカレーピラフ …… 105

●その他

ホタテ入りオムライス …… 27
ツナと卵のそぼろご飯 …… 77
鮭そぼろご飯 …… 113
タラのそぼろご飯 …… 121

パン

レンコンバーグのサンドイッチ …… 19
野菜のベーグルサンド …… 43
イワシ豆腐バーガー …… 89
ピタパンサンド …… 115

魚介類

●アジ

アジのふき味噌焼き …… 61

●イカ

イカとズッキーニのトマト煮 …… 39
イカとなす、タマネギ、パプリカの味噌炒め …… 45

●イワシ

イワシ豆腐バーグ …… 89
イワシの酢魚風 …… 99
イワシバーグの野菜ソテー …… 103

●エビ

ゴボウ、人参、桜エビのかき揚げ …… 13
エビとシソの餃子 …… 53
レンコンのはさみ揚げ …… 77
エビクリームコロッケ …… 121

●貝柱

貝柱入り大豆バーグ …… 71

●カニ

野菜たっぷりのカニ入りオムレツ……19

●クラゲ

大根、人参、クラゲの酢の物……47

●サバ

サバの竜田揚げ……13

サバの漬け焼き……83

●サワラ

サワラの味噌漬け……57

●さんま

さんまの梅煮……55

さんまのすり身餃子……101

●スズキ

スズキの木の芽焼き……31

スズキのムニエル……41

●タコ

タコと大根の煮物……113

●タラコ

人参のたらこ炒り……99

●ホタテ

ホタテと彩り野菜のにんにく入りタマネギソース炒め……29

ホタテのソテーマリネ……87

●マンダイ

マンダイのゴマ焼き……47

●ワカサギ

ワカサギのエスカベーシュ……91

海草類

ヒジキと大豆の煮物……23

海苔入り卵焼き……29

ヒジキの煮物……39

レンコン、里芋、厚揚げ、昆布の煮物……99

大豆と昆布の煮物……101

菜の花の磯辺巻き……119

里芋と昆布の煮物……119

卵類

ギンナン添え、大根、薄焼卵の酢の物……17

野菜たっぷりのカニ入りオムレツ……19

海苔入り卵焼き……29

卵の袋煮……41

ネギ入り卵焼き……61

ホウレン草入りオムレツ……89

豆類

タケノコとしいたけ、厚揚げの酒粕煮……13

大豆と根菜のバーグ……15

黒豆の煮物……15

厚揚げと舞茸のオイスターソース炒め……17

ヒジキと大豆の煮物……23

豆腐バーグ……39

卵の袋煮……41

ジャガイモと大豆のトマト煮……47

小松菜、舞茸、油揚げの煮びたし……53

貝柱入り大豆バーグ……71

かぼちゃと小豆のいとこ煮……75

イワシ豆腐バーグ……89

レンコン、里芋、厚揚げ、昆布の煮物……99

大豆と昆布の煮物……101

大根と油揚げのべっこう煮……105

ちくわと厚揚げの味噌焼き……113

野菜類

●赤カブ

三色野菜の胡麻酢和え……23

●カブ

野菜のピクルス……27

●インゲン

インゲンの胡麻和え……57

イワシの酢魚風……99

●かぼちゃ

かぼちゃと小豆のいとこ煮……75

●カリフラワー

カリフラワーのカレーマリネ……83

●キノコ類

タケノコとキノコの味噌炒め……11

タケノコとしいたけ、厚揚げの酒粕煮……13

厚揚げと舞茸のオイスターソース炒め……17

切干し大根、干しシイタケ、人参の炒め煮……17

春巻き……25

ホタテと彩り野菜のにんにく入りタマネギソース炒め……29

ナスとマッシュルームのオイル焼き……43

干しシイタケのオイスターソース煮……45

小松菜、舞茸、油揚げの煮びたし……53

根菜の炒め煮……69

干しシイタケの含め煮……77

イワシの酢魚風……99

●キャベツ

野菜たっぷりのカニ入りオムレツ……19

三色野菜の胡麻酢和え……23

ポテトサラダ……27

●キュウリ

三色野菜の胡麻酢和え……23

野菜のピクルス……27

キュウリの甘酢漬け……25

キュウリのピクルス……115

●京芋

京芋の白煮……75

京芋の西京味噌煮……91

●ギンナン

ギンナン添え、大根、薄焼卵の酢の物……17

イワシの酢魚風……99

●ゴボウ

ゴボウ、人参、桜エビのかき揚げ……13

根菜の炒め煮……69

人参とゴボウのきんぴら……117

●小松菜

小松菜とさつま揚げの煮びたし……41

小松菜、舞茸、油揚げの煮びたし……53

小松菜のゴマ和え……87

小松菜の胡麻酢和え……107

小松菜と人参のナムル……121

●里芋

レンコン、里芋、厚揚げ、昆布の煮物……99

里芋と昆布の煮物……119

●シソ

エビとシソの餃子……53

ナスの大葉味噌炒め……57

●ジャガイモ

ジャガイモのコロッケ……11

ポテトサラダ……27

ジャガイモと大豆のトマト煮……47

●ズッキーニ

イカとズッキーニのトマト煮……39

●セロリ

セロリのワサビ漬け和え……53

ワカサギのエスカベーシュ……91

●大根

切干し大根、干しシイタケ、人参の炒め煮……17

ギンナン添え、大根、薄焼卵の酢の物……17

野菜のピクルス……27

大根、人参、クラゲの酢の物……47

細切り野菜の香草マリネ……89

大根の赤味噌かけ……103

大根と油揚げのべっこう煮……105

タコと大根の煮物……113

●タケノコ

タケノコとキノコの味噌炒め……11

タケノコとしいたけ、厚揚げの酒粕煮……13

春巻き……25

●タマネギ

野菜たっぷりのカニ入りオムレツ……19

タマネギのマリネ……19

春巻き……25

ポテトサラダ……27

ホタテと彩り野菜のにんにく入りタマネギソース炒め……29

イカとなす、タマネギ、パプリカの味噌炒め……45

ホウレン草入りオムレツ……89

細切り野菜の香草マリネ……89

ワカサギのエスカベーシュ……91

イワシの酢魚風……99

●トマト

イカとズッキーニのトマト煮……39

ジャガイモと大豆のトマト煮……47

●ナス

ナスとマッシュルームのオイル焼き……43

イカとなす、タマネギ、パプリカの味噌炒め……45

ナスの大葉味噌炒め……57

ナスの田楽……85

ナスの揚げ浸し……91

●菜の花

菜の花の磯辺巻き……119

●ニラ

エビとシソの餃子……53

さんまのすり身餃子……101

●ニンジン

ゴボウ、人参、桜エビのかき揚げ……13

大豆と根菜のバーグ……15

切干し大根、干しシイタケ、人参の炒め煮……17

ポテトサラダ……27

野菜のピクルス……27
ホタテと彩り野菜のにんにく入りタマネギソース炒め……29
豆腐バーグ……39
ヒジキの煮物……39
人参のナムル……43
大根、人参、クラゲの酢の物……47
根菜の炒め煮……69
ワカサギのエスカベーシュ……91
イワシの酢魚風……99
人参のたらこ炒り……99
人参とゴボウのきんぴら……117
小松菜と人参のナムル……121

●にんにく
ホタテと彩り野菜のにんにく入りタマネギソース炒め……29

●ネギ
春巻き……25
豆腐バーグ……39
エビとシソの餃子……53
ネギ入り卵焼き……61
さんまのすり身餃子……101

●ピーマン、パプリカ
イカとなす、タマネギ、パプリカの味噌炒め……45
細切り野菜の香草マリネ……89
イワシの酢魚風……99

●ホウレン草
ホタテと彩り野菜のにんにく入りタマネギソース炒め……29
ホウレン草入りオムレツ……89

●百合根
百合根の梅肉和え……71

●レンコン
大豆と根菜のバーグ……15
レンコンバーグ……19
根菜の炒め煮……69
レンコンの酢漬け……73
レンコンのはさみ揚げ……77
レンコンのつくね……85
ワカサギのエスカベーシュ……91
レンコン、里芋、厚揚げ、昆布の煮物……99
酢レンコン……105

●リンゴ
ポテトサラダ……27

その他

さつま揚げの甘辛煮……69
こんにゃくの田楽……117

おいしいノーミート
四季《しき》の恵《めぐ》み弁当《べんとう》

2012年4月1日　初版第1刷発行
2014年8月25日　初版第5刷発行

●著者　谷《たに》口《ぐち》純《じゅん》子《こ》

●発行者　磯部和男
●発行所　宗教法人「生長の家」
山梨県北杜市西井出8240番地2103
電話　0551-45-7777　http://www.jp.seicho-no-ie.org/

●発売元　株式会社　日本教文社
東京都港区赤坂9丁目6番44号
電話（03）3401-9111
FAX（03）3401-9139　http://www.kyobunsha.jp/

●頒布所　一般財団法人　世界聖典普及協会
東京都港区赤坂9丁目6番33号
電話（03）3403-1501
FAX（03）3403-8439　http://www.ssfk.or.jp/

●写真提供　谷口雅宣 / 谷口純子
宗教法人「生長の家」（出版・広報部）
●イラスト　谷口純子
●写真撮影　堀隆弘

●本文デザイン　ミュー
●装幀　株式会社アクロバット（小林秀樹 / 栗原里歩）
●編集協力　藤依里子

●印刷・製本　東港出版印刷株式会社

落丁・乱丁本はお取替えします。
定価はカバーに表示してあります。

●本書（本文）は環境に配慮した古紙100%の再生紙を使用しています。

ISBN978-4-531-05267-7

●うぐいす餅とバナナ

谷口純子著　本体 1429 円

今、この場所から、自然を守り、世界の人々の幸せにつながる道がここに。物事の明るい面を見つめ、日々の「恵み」に感謝する日時計主義のエッセンスをあなたに贈ります。　生長の家発行／日本教文社発売

●突然の恋（生長の家白鳩会総裁就任記念出版）

谷口純子著　本体 857 円

偶然出会った人に心惹かれ、恋に落ちる——そんな突然の“恋”にも、心の力が作用しています。「運命」に振り回されずに、幸せな未来を切り開くための珠玉の一冊です。　日本教文社発行／日本教文社発売

●小さな奇跡

谷口純子著　本体 1429 円

私たちの心がけ次第で毎日が「小さな奇跡」の連続に。その秘訣は物事の明るい面を見る日時計主義の生活にあることを講演先での体験、映画や本の感想などを通して語ります。　日本教文社発行／日本教文社発売

●“森の中”へ行く——人と自然の調和のために生長の家が考えたこと

谷口雅宣・谷口純子 共著　本体 952 円

生長の家国際本部が自然との共生を目指して東京都・原宿から山梨県・八ヶ岳南麓の“森の中のオフィス”へと移転することに決まった経緯や理由を分かりやすく解説しています。　生長の家発行／日本教文社発売

●生長の家ってどんな教え？——問答有用、生長の家講習会

谷口雅宣著　本体 1333 円

生長の家講習会における教義の柱についての講話と、参加者との質疑応答の記録で構成。唯神実相、唯心所現、万教帰一の教えの真髄を現代的かつ平明に説く。　生長の家発行／日本教文社発売

宗教法人「生長の家」　〒409-1501　山梨県北杜市西井出 8240 番地 2103　TEL0551-45-7777（代表）
株式会社　日本教文社　〒107-8674　東京都港区赤坂 9-6-44　TEL (03) 3401-9111
各本体価格（税抜）は平成 26 年 8 月 1 日現在のものです。